税金 キャッシュフロー 株価
の推移が事例と数字でわかる

INCORPORATE YOUR REAL ESTATE

# シミュレーションでみる
# 不動産法人化
## の
## 活用と税務

高野総合グループ
**TSK** 税理士法人 高野総合会計事務所

税理士 **高中恵美**・税理士 **髙木佳代子**・税理士 **渡辺太貴** [著]

税務経理協会

# はじめに

　相続税や所得税等の税務対策や事業承継の手段として，地主が個人で所有している不動産を法人に移転する方法は，いわゆる「不動産の法人化」として広く一般に知られており，不動産の法人化について解説された書籍も数多く出版されています。一方で，法人化について具体的な数字を用いてシミュレーションがされている書籍を目にする機会は多くありません。

　実務において不動産の法人化を検討するに当たっては，クライアントの年齢，資産構成，家族構成，賃貸不動産の収支状況等を基に，所得税・法人税等の各種税額やキャッシュフローの試算，相続税額や株価への影響等の具体的なシミュレーションを行った上で，総合的に有利判断をする必要があります。

　本書では，法人化の手法や知識について解説を行いながら，15通りの事例について個別具体的な数字を用いたシミュレーションを行っています。それぞれの事例において，具体的な数値を基に法人化の有利判定の検証が行われているため，より実務に即した内容となっており，ご一読いただくことで，どのような場合に法人化を行うとよいのか，どのような点に気を付けるとよいのかについてイメージを持っていただくことができます。

　序章では不動産の法人化の概要を，第1章においては不動産の法人化に係る初期コストのシミュレーションを，第2章においては個人所有の場合と，「不動産所有方式」，「不動産管理委託方式」，「サブリース方式」の3つの方式の比較シミュレーションを，第3章においては法人化をすべき家賃収入の水準や家族への役員報酬の支払いによる効果を比較検討したシミュレーションを行っています。

　また，第4章では個人所有の場合と3つの方式の経年によるキャッシュフローの変化と相続税への影響をシミュレーションしています。第5章では，法人化をする年齢により，相続税額へどのような影響があるのか，第6章では暦年贈与と相続時精算課税制度を使った贈与が株価と相続税額にどのような影響を与えるのかをシミュレーションしています。

第7章では，貸付金方式により法人化をした場合と現物出資により法人化をした場合のフローに係る税額，株価への影響，相続税額への影響をシミュレーションしています。そして，第8章では財産評価基本通達6項による否認リスクについてシミュレーションを交えて解説しています。

このように，本書は，弊事務所の個人資産部門の多数の税理士が，長年の実務により培った賃貸不動産の法人化に係る実例に基づき，様々な事例を比較シミュレーションしています。不動産の法人化に関心を持っている不動産オーナーのみならず，法人化について相談を受けた税理士，司法書士等の専門家の皆様，銀行の実務担当者の皆様の参考に資することを想定した内容となっております。本書が多くの皆様の実務に少しでもお役に立てましたら幸いです。

末筆ながら，本書を出版する機会を与えてくださった株式会社税務経理協会の中村謙一様はじめご協力をいただいた皆様に，心から感謝を申し上げます。

2025年1月
編集者代表
税理士法人髙野総合会計事務所
総括代表パートナー
公認会計士・税理士　髙野　角司

# CONTENTS

はじめに

## 序章　賃貸不動産の法人化の概要

1　法人設立までの流れと設立コスト ……………………………… 2

2　不動産の法人化の3つの形態 ……………………………………… 5

## 第1章　不動産法人化の初期コスト

### シミュレーション1　不動産法人化の初期コスト ……………… 8

1　不動産を譲渡する際の移転コスト ……………………………… 8

2　土地建物の両方を譲渡する場合と
　建物のみを譲渡する場合のシミュレーション ……………………… 9

## 第2章　方式別のキャッシュフローの比較

### シミュレーション2　不動産所有方式 …………………………… 14

1　不動産の法人化の3つの形態 …………………………………… 14

2　個人所有と法人所有の比較シミュレーション ………………… 15

3　個人所有の場合と法人所有の場合の課税の違い ……………… 24

4　個人所有の場合と法人所有の場合のキャッシュフローの比較 ……… 26

### シミュレーション3　不動産管理委託方式 ……………………… 27

1　不動産管理委託方式 ……………………………………………… 27

2　個人事業主の場合と不動産管理委託方式の場合の
　比較シミュレーション ……………………………………………… 28

3　個人事業主の場合と不動産管理委託方式の場合の課税の違い ……… 34

4　個人事業主の場合と不動産管理委託方式の場合の
　キャッシュフローの比較 …………………………………………… 36

*i*

| シミュレーション 4 | サブリース方式 | 38 |

1 サブリース方式 ..................... 38

2 個人事業主の場合とサブリース方式の場合の
比較シミュレーション ..................... 38

3 個人事業主の場合とサブリース方式の場合の課税の違い ............ 45

4 個人事業主の場合とサブリース方式の場合の
キャッシュフローの比較 ..................... 47

5 3つの方式のキャッシュフローの比較 ..................... 48

## 第3章　家賃収入による法人化の損益分岐点と役員報酬の支払による効果

| シミュレーション 5 | 法人化を検討すべき家賃収入の水準 | 52 |

1 家賃収入が低い（年間家賃収入が 4,000 千円）場合 ............ 52

2 家賃収入が高い（年間家賃収入が 50,000 千円）場合 ............ 56

3 2つのシミュレーションの比較 ..................... 60

4 損益分岐点シミュレーション ..................... 61

| シミュレーション 6 | 家族への役員報酬の支払による効果 | 64 |

1 キャッシュフローの推移と蓄積 ..................... 64

2 相続税額の推移 ..................... 74

3 まとめ ..................... 78

4 役員報酬の支払における留意点 ..................... 78

## 第4章　各方式と相続税の推移

| シミュレーション 7 | 法人化をしない場合のキャッシュフローと相続税の推移 | 82 |

1 個人が不動産事業を行う場合の所有期間中の
キャッシュフローのシミュレーション ..................... 82

2 個人が不動産事業を行う場合の相続財産額と相続税額の推移 ........ 87

3 まとめ ..................... 94

*ii*

**シミュレーション 8** 不動産管理委託方式のキャッシュフローと
相続税の推移 ................................................. **96**

1　管理委託方式の所有期間中の
キャッシュフローのシミュレーション ................................. 96

2　管理委託方式の相続財産額と相続税額の推移 ................ 102

3　まとめ ....................................................................... 109

**シミュレーション 9** サブリース方式のキャッシュフローと
相続税の推移 ................................................. **111**

1　サブリース方式による所有期間中の
キャッシュフローのシミュレーション ................................. 111

2　サブリース方式の相続財産額と相続税額の推移 ................ 117

3　まとめ ....................................................................... 122

**シミュレーション 10** 不動産所有方式のキャッシュフローと
相続税の推移 ................................................. **124**

1　地代の支払がない場合 .................................................. 124

2　固定資産税相当額の３倍の地代を支払う場合 ................ 136

3　４つの形態の比較 ....................................................... 147

## 第５章　法人化開始時の年齢による比較

**シミュレーション 11** 法人化をする年齢による違い
—50歳と80歳の比較 ................................. **150**

1　個人所有と法人所有のキャッシュの蓄積と
相続税の比較（50歳で法人化する場合） ......................... 150

2　80歳で法人化する場合 .............................................. 166

3　まとめ ....................................................................... 172

*iii*

## 第6章　生前贈与と相続時精算課税制度

### シミュレーション 12　株式を基礎控除以下で生前贈与した場合 ................ 176

1　暦年贈与 ................................................ 176

2　相続時精算課税制度 ................................................ 178

3　20年間にわたり株式を贈与した場合の
相続税の比較シミュレーション ................................................ 181

4　不動産の贈与 ................................................ 191

### シミュレーション 13　退職金の支払と相続時精算課税贈与をした場合 ................ 193

1　役員退職金の算定方法 ................................................ 193

2　生前退職金と死亡退職金 ................................................ 194

3　相続時精算課税による贈与 ................................................ 195

4　退職金の支給と相続時精算課税による
株式贈与のシミュレーション ................................................ 197

## 第7章　資金を借り入れた場合と現物出資の場合

### シミュレーション 14　法人化の際の建物取得資金を貸し付けた場合と現物出資をした場合の比較 ................ 206

1　不動産管理会社が個人から借入れを行い
借入資金で建物を購入する場合 ................................................ 206

2　個人が不動産管理会社に建物を現物出資する場合 ................................................ 216

3　法人化前後の相続税額の比較 ................................................ 223

*iv*

## 第8章 「総則6項」による否認リスク

### シミュレーション15 租税回避行為に対する否認の リスクの検討 ················································· 228

| | | |
|---|---|---|
| 1 | 総則6項とは ·············································· | 229 |
| 2 | 相続開始直前に借入金を元手に不動産を取得した事例 ·········· | 229 |
| 3 | 非上場株式の評価におけるシミュレーション ················· | 233 |
| 4 | 総則6項の適用基準 ······································· | 237 |

編者紹介

執筆者紹介

┌─────────── 凡例 ───────────┐

| 所得税法 | 所法 |
|---|---|
| 法人税法 | 法法 |
| 相続税法 | 相法 |
| 財産評価基本通達 | 評基通 |
| 租税特別措置法 | 措法 |
| 租税特別措置法通達 | 措通 |

└──────────────────────────┘

*v*

序章

# 賃貸不動産の法人化の概要

賃貸不動産の法人化とは，一般的に不動産管理会社を活用して所得税や相続税等の負担を減少させる手法を指します。本書では，不動産の法人化に係る様々な事例を用いて，数字にスポットを当てた「シミュレーション」を行い，所得税，法人税等のキャッシュフローへの影響や，相続財産額，相続税等への影響を検証していきます。具体的なシミュレーションの事例に入る前に，まずは，不動産の法人化の概要について説明を行います。

## 1　法人設立までの流れと設立コスト

### (1)　法人設立までの流れ

　不動産の法人化を行う前段として，まずは法人を設立する必要があります。一般的な法人の設立までの流れは以下のとおりです。

#### ①　会社概要の決定

　法人の設立に当たっては，どのような設計の法人にするかを検討する必要があります。一般的な株式会社の場合に決めるべき主な事項は以下のとおりです。

| 商号 | 目的<br>(不動産の売買，賃貸及び管理等) | 設立日 |
|---|---|---|
| 本店所在地 | 出資者 | 1株当たり出資額 |
| 発行可能株式総数 | 出資総額 | 資本金・資本準備金の内訳 |
| 事業年度 | 公告方法（官報等） | 株式の譲渡制限の有無と譲渡承認機関 |
| 株式の売渡請求の有無 | 取締役の員数と取締役の選任 | 取締役の任期 |

　なお，将来的な相続税対策を勘案した場合には，子供等の後継者を出資者とした方が有利となることが一般的です。

## ② 定款の作成と認証

定款には目的，商号，本店所在地，出資財産の価額等会社法上定められた事項を記載し，本店所在地の管轄の法務局の公証人による認証を受けます。定款の記載内容には，絶対的記載事項，相対的記載事項，任意的記載事項があります。絶対的記載事項については全項目を定款に記載する必要があるため注意が必要です。

## ③ 資本金の払込み

発起人は①により定めた出資金の払込みを行います。

## ④ 法務局への登記申請

本店所在地管轄の法務局へ設立登記の申請を行います。登記申請日が法人の設立日となります。

## ⑤ 税務署等への届出書の提出

税務署へ法人設立届出書，青色申告の承認申請書，給与支払事務所等の開設届出書，申告期限の延長の特例の申請書等を提出します。また，地方自治体にも設立届出書等を提出します。その他，年金事務所，労働基準監督署等にも必要書類を提出します。

## (2) 株式会社と合同会社の違い

法人には株式会社，合同会社，合資会社，合名会社，財団法人，社団法人等，様々な種類の組織形態があります。賃貸不動産の法人化に当たり，資産管理会社を設立する場合には，「株式会社」か「合同会社」のいずれかの形態を選択することが一般的です。

「株式会社」は，中小企業から大企業まで数多く採用されている，日本で最も一般的な法人形態です。「合同会社」は，平成18年の会社法施行に伴い新設された法人形態で，株式会社と比較すると法人設立時の費用が安価となります。

序章 賃貸不動産の法人化の概要 　*3*

株式会社と合同会社の主な相違点は次の表のとおりです。

| | 株式会社 | 合同会社 |
|---|---|---|
| 法人格 | あり | あり |
| 株主・社員の数 | 1人以上 | 1人以上 |
| 株主・社員の責任 | 間接有限責任 | 間接有限責任 |
| 株主の権利・社員の業務執行 | 株式の権利内容は原則として同一。例外的に種類株式の発行が認められている。 | 定款に定めがある場合を除き全社員が業務執行権を有する。 |
| 経営の主体 | 取締役 | 社員又は定款で定められた業務執行役員 |
| 取締役・社員の人数制限 | 1人以上 | 1人以上 |
| 監査役 | 任意 | 不要 |
| 役員任期 | あり | なし |

## (3) 法人の設立に係る費用

　法人の設立に当たっては，登録免許税その他の費用が生じます。株式会社の場合は最低で24万円程度，合同会社の場合は最低で10万円程度の費用がかかります。

| | 株式会社 | 合同会社 |
|---|---|---|
| 登録免許税 | 資本金×1000分の7（最低15万円） | 資本金×1000分の7（最低6万円） |
| 定款認証手数料 | 5万円 | 不要 |
| 定款の収入印紙代 | 4万円（電子定款の場合は不要） | |
| その他 | 司法書士手数料　法人印鑑作成費用　印鑑証明書等の取得費用 | |

　上述の費用以外に，法人の設立に当たっては資本金の払込みが必要となります。資本金額は1円以上であればいくらでも問題ありませんが，金融機関からの借入れが生ずる場合や社会的信用を担保したい場合には，ある程度の額の資本金を準備しておいた方がよいかもしれません。

## 2　不動産の法人化の3つの形態

　個人が所有する不動産を法人化する場合の、不動産管理会社の運営形態は次の3つの方式に分かれます。

---
(1)　不動産所有方式
(2)　不動産管理委託方式
(3)　サブリース方式
---

### (1)　不動産所有方式（建物のみ移転）

　不動産保有方式は、建物の所有者を個人ではなく、不動産管理会社とする方式です。不動産管理会社は、建物を賃借人に賃貸し、賃借人から家賃収入を得ます。土地は個人所有とする場合と法人所有とする場合の両方が想定されますが、一般的に土地は個人所有とするケースが多いため、本書においては、不動産所有方式の場合は、土地は個人所有、建物は法人所有である前提でシミュレーションを行います。土地が個人所有の場合は、不動産管理会社は賃借している土地に係る地代を個人に支払うことになります。そのため、不動産所有方式の場合の法人の所得は、建物の賃借人から受ける賃借料と負担する諸費用の差額となります。一方、個人の収入は、不動産管理会社から得る地代や給与のみとなります。

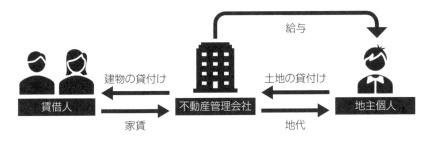

不動産所有方式の場合は，不動産管理会社が建物を所有することになるため，新たに建物を建築する場合には，不動産管理会社が借入れもしくは出資等により資金調達を行い，建物を取得することになります。一方，既に地主個人が所有している中古建物を不動産管理会社に移転する場合は，売買，贈与，現物出資等による移転方法が考えられます。

### (2) 不動産管理委託方式

　不動産管理委託方式は，土地及び建物は個人所有のままで，個人が不動産管理会社に賃貸物件の管理業務を委託する方式です。入居者からの家賃収入は建物所有者である個人に帰属したままとなり，不動産管理会社は個人から委託された賃貸不動産の管理業務に係る管理料を得ることになります。

### (3) サブリース方式

　サブリース方式は，土地及び建物は個人が所有し，個人が賃貸建物を不動産管理会社に一括して貸し付ける方式です。不動産管理会社は，借り上げた建物を入居者に転貸することで家賃収入を得る一方，オーナー個人に対し建物に係る一括借り上げ賃料を支払います。サブリース方式の場合，空室や賃料が下落することによるリスクは不動産管理会社が負うことになるため，オーナー個人が不動産管理会社に支払う管理料の額は不動産管理委託方式に比べて高くなることが一般的です。

第 **1** 章

# 不動産法人化の初期コスト

## シミュレーション 1

# 不動産法人化の初期コスト

### シミュレーション内容

個人が土地・建物を所有する居住用賃貸不動産を法人化するに当たり,「土地と建物の両方を法人に譲渡する場合」と,「建物のみを法人に譲渡する場合」の移転コストの違いについてシミュレーションを行います。

個人が土地・建物を所有する賃貸不動産を法人化するに当たっては,土地・建物の両方を法人に移転するケースと,建物のみを法人に移転するケースの2通りが考えられます。本事例では,「土地と建物の両方を法人に譲渡する場合」と,「建物のみを法人に譲渡する場合」の移転コストの違いをシミュレーションします。

## 1 不動産を譲渡する際の移転コスト

個人が所有する不動産を法人に移転する場合に発生する主なコストは,譲渡所得税,登録免許税,不動産取得税,消費税,印紙税,士業へ依頼する場合に支払う報酬等があります。それぞれに係る税率は以下の表のとおりです。

|  | 土地 | 建物 |
|---|---|---|
| 譲渡所得税 | 譲渡した年の1月1日現在の所有期間が5年超の長期譲渡所得の場合<br>○所得税15.315%(復興所得税含む)<br>○住民税5% | |
| 登録免許税 | 固定資産税評価額×15/1000<br>(原則20/1000,時限的に15/1000) | 固定資産税評価額×20/1000 |
| 不動産取得税 | 固定資産税評価額×1/2×3% | 固定資産税評価額×3%<br>(店舗等は4%) |
| その他 | 消費税,印紙税,司法書士報酬,税理士報酬等 | |

個人が所有する不動産を譲渡する場合には「譲渡所得税」が生じます。譲渡所得の金額は，譲渡収入金額から所得の基因となった資産の取得費と譲渡費用の合計額を控除して算出します（所法33）。また，譲渡所得の金額の計算上控除する資産の取得費は，別段の定めがある場合を除き「その資産の取得に要した金額並びに設備費及び改良費の額の合計額」と規定されています（所法38）。

　この「取得費」の計算に当たっては，昭和27年12月31日以前から引き続き所有していた土地や建物等については，譲渡収入金額の5％相当額を取得費とする特例措置（以下，「概算取得費控除」といいます）が設けられています（措法31の4）が，課税実務上は，昭和28年1月1日以後に取得した土地や建物等であっても，概算取得費控除の特例の適用は認められています（措通31の4－1）。

## 2　土地建物の両方を譲渡する場合と建物のみを譲渡する場合のシミュレーション

| 前提条件 | | |
|---|---|---|

（単位：千円）

| | | |
|---|---:|---|
| 土地の譲渡金額 | 150,000 | 市場売買相場 |
| 建物の譲渡金額 | 70,000 | 個人所有の建物の未償却残高 |
| 土地の固定資産税評価額 | 105,000 | 売買相場の70％と仮定 |
| 建物の固定資産税評価額 | 70,000 | |
| 土地の取得費 | 不明 | 先祖代々相続により承継をしてきた土地 |
| 建物の取得費 | 70,000 | 個人の居住用賃貸建物の未償却残高 |

　本事例の場合，建物の取得費は判明していますが，土地は先祖代々相続により承継をしてきたため，取得費が不明です。したがって，建物については実額取得費を，土地については5％の概算取得費を採用することになります。

○　土地建物の両方を個人から法人に譲渡した場合
○　建物のみを個人から法人に譲渡した場合

第1章　不動産法人化の初期コスト　　9

上記の2つのパターンの移転コストをシミュレーションし，比較していきます。

## (1)　譲渡所得税の比較シミュレーション

### 【土地建物両方を譲渡した場合の譲渡所得税】

| | 譲渡収入（A） | 220,000,000 円 | ①＋② |
|---|---|---|---|
| ① | 土地譲渡収入 | 150,000,000 円 | |
| ② | 建物譲渡収入 | 70,000,000 円 | |
| | 取得費（B） | 77,500,000 円 | ③＋④ |
| ③ | 土地取得費 | 7,500,000 円 | 土地の譲渡収入の5％ |
| ④ | 建物取得費 | 70,000,000 円 | 建物の未償却残高 |
| | 譲渡所得 | 142,500,000 円 | （A）－（B） |
| 譲渡所得税 | 所得税 | 21,823,800 円 | 15.315% |
| | 住民税 | 7,125,000 円 | 5％ |
| | 税額合計 | 28,948,800 円 | 100円未満切捨て |

（※）譲渡費用等は省略

### 【建物のみを譲渡した場合の譲渡所得税】

| | 譲渡収入（A） | 70,000,000 円 | ①＋② |
|---|---|---|---|
| ① | 土地譲渡収入 | 0 円 | |
| ② | 建物譲渡収入 | 70,000,000 円 | |
| | 取得費（B） | 70,000,000 円 | ③＋④ |
| ③ | 土地取得費 | 0 円 | |
| ④ | 建物取得費 | 70,000,000 円 | 建物の未償却残高 |
| | 譲渡所得 | 0 円 | （A）－（B） |
| 譲渡所得税 | 所得税 | 0 円 | 15.315% |
| | 住民税 | 0 円 | 5％ |
| | 税額合計 | 0 円 | |

（※）譲渡費用等は省略

## ⑵　不動産取得税・登録免許税の比較シミュレーション

**【土地建物両方を譲渡した場合の登録免許税・不動産取得税】**

| | 登録免許税 | 2,975,000 円 | ①＋② |
|---|---|---|---|
| ① | 土地 | 1,575,000 円 | 売買の場合固定資産税評価額×15/1000 |
| ② | 建物 | 1,400,000 円 | 売買の場合固定資産税評価額×20/1000 |
| | 不動産取得税 | 3,675,000 円 | ③＋④ |
| ③ | 土地 | 1,575,000 円 | 固定資産税評価額×1/2×3/100 |
| ④ | 建物 | 2,100,000 円 | 固定資産税評価額×3/100 |
| | 合計 | 6,650,000 円 | |

**【建物のみを譲渡した場合の登録免許税・不動産取得税】**

| | 登録免許税 | 1,400,000 円 | ①＋② |
|---|---|---|---|
| ① | 土地 | 0 円 | 売買の場合固定資産税評価額×15/1000 |
| ② | 建物 | 1,400,000 円 | 売買の場合固定資産税評価額×20/1000 |
| | 不動産取得税 | 2,100,000 円 | ③＋④ |
| ③ | 土地 | 0 円 | 固定資産税評価額×1/2×3/100 |
| ④ | 建物 | 2,100,000 円 | 固定資産税評価額×3/100 |
| | 合計 | 3,500,000 円 | |

**【初期コストの比較】**

| | 土地建物両方を譲渡した場合 | 建物のみを譲渡した場合 |
|---|---|---|
| 譲渡所得税・住民税 | 28,948,800 円 | 0 円 |
| 登録免許税 | 2,975,000 円 | 1,400,000 円 |
| 不動産取得税 | 3,675,000 円 | 2,100,000 円 |
| 初期コスト合計 | 35,598,800 円 | 3,500,000 円 |

　土地建物の両方を譲渡した場合の譲渡所得税及び住民税の額の合計は28,948千円となるのに対し，建物のみを譲渡した場合は，譲渡所得税及び住民税は発生しません。古くから所有する土地を売却する場合には，取得費が不明なため，5％の概算取得費を使わざるを得ないケースや，そもそもの取得費が安価で，多額な譲渡益が出るケースが多い傾向があります。結果として，土地の譲渡所

得税の負担が重くなることが多いといえます。

　一方で，建物については，個人とその不動産管理会社との間の売買においては，一般的に，固定資産税評価額や帳簿価額（未償却残高）を売買価額として採用することが多く，帳簿価額で売買する限りにおいては譲渡益は生じず，譲渡所得税もゼロとなります。

　個人が長年所有し，大きく値上がりをしている「土地」を譲渡する場合には，値上がり益のおよそ2割に対して譲渡所得税が課税されるため，不動産の移転コストが重くなります。一方で，「建物」は多額の値上がり益は生じないことが多く，結果として譲渡所得税も少なく済むケースが多くなります。

　このような理由から，古くから土地を所有している場合等で，土地の取得費が不明もしくは安価な場合には，実務上は，移転コストを抑えるため，土地は個人所有のままで，建物のみを法人に譲渡する手法が多く選択されています。

第 **2** 章

# 方式別のキャッシュフローの比較

> シミュレーション2

# 不動産所有方式

> **シミュレーション内容**
>
> 個人が所有する賃貸不動産の建物のみを法人に譲渡する「不動産所有方式」のキャッシュフローをシミュレーションします。

　個人が土地及び建物を所有する賃貸不動産を法人化するに当たっては，土地と建物の両方を法人に移転するケースと，建物のみを法人に移転するケースの2通りが考えられます。シミュレーション1で解説のとおり，不動産の移転コストを抑えるため，実務上は土地は個人所有のままで，建物のみを法人に移転する手法が多く用いられているため，本事例では「建物のみ」を法人に移転するケースを前提として，法人化をしない個人事業主の場合と建物を法人化した場合の所有期間中の税金計算やキャッシュフローの違いについてシミュレーションを行います。

## 1　不動産の法人化の3つの形態

　個人が所有する不動産を法人化する場合の，不動産管理会社の形態は次の3つの方式に分けることができます。

---

(1)　**不動産所有方式**

(2)　不動産管理委託方式

(3)　サブリース方式

---

　(1)不動産所有方式では，個人が所有する建物を売買等により不動産管理会社に移転します（移転時のコスト等についてはシミュレーション1を参照）。不動産管理会社は，建物を賃借人に賃貸し，家賃収入を得ます。一方，土地は個人

*14*

所有のままとなるため，不動産管理会社は賃借している土地に係る地代を地主個人に支払います。不動産所有方式の場合の不動産管理会社の所得は，賃借人から受ける家賃とオーナーに支払う地代等の経費の差額となります。一方，地主個人の収入は，不動産管理会社から得る地代や給与のみとなります。

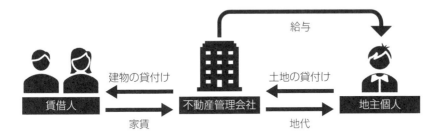

## 2　個人所有と法人所有の比較シミュレーション

　ここからは「不動産所有方式」のキャッシュフローのシミュレーションを行います。地主個人が長年所有している土地建物のうち「建物のみ」を地主個人から不動産管理会社に時価で譲渡します。譲渡後は，地主個人は土地を所有し，不動産管理会社は建物を所有することになります。譲渡前後の年間の税金及びキャッシュフローを比較，検証していきたいと思います。

| 前提条件 | | |
|---|---|---|

(単位：千円)

| 土地時価 | 150,000 | 個人所有 |
|---|---|---|
| 建物時価 | 90,600 | 築20年の建物を時価で個人から法人に譲渡 |
| 年間家賃収入 | 25,000 | 4階建て居住用アパート，住戸数12戸 |
| 役員報酬 | 5,000 | 地主個人が役員に就任し法人が給与を支払う |
| 土地　固定資産税等 | 350 | 固定資産税・都市計画税合計 |
| 建物　固定資産税等 | 842 | 固定資産税・都市計画税合計 |

| 譲渡前の減価償却費 | 2,970 | 鉄筋コンクリート造，住宅用，耐用年数47年，旧定額法 |
|---|---|---|
| 譲渡後の減価償却費 | 2,990 | 中古耐用年数31年，定額法 |
| 地代 | 1,050 | 【法人】無償返還の届出提出済，土地の固定資産税等の3倍の地代 |
| 修繕費 | 1,125 | 家賃収入の4.5%と仮定 |
| その他諸経費 | 1,750 | 家賃収入の7％と仮定 |

（※）社会保険料は未考慮

**【税額計算】** （単位：千円）

| | | 法人化前 | 法人化後 | | 備考 |
|---|---|---|---|---|---|
| | | 個人事業主 | 不動産所有方式 | | |
| | | | 個人 | 法人 | |
| 給与所得 | | | 3,560 | | 給与所得控除後 |
| 不動産収入 | | 25,000 | 1,050 | 25,000 | |
| | 役員報酬 | | | 5,000 | 地主個人が役員に就任 |
| | 建物固定資産税等 | 842 | | 842 | |
| | 土地固定資産税等 | 350 | 350 | | |
| | 減価償却費 | 2,970 | | 2,990 | |
| | 税理士報酬 | 500 | 150 | 400 | |
| | 支払利息 | | | | 金融機関からの借入返済済 |
| | 管理料 | | | | |
| | 修繕費 | 1,125 | | 1,125 | 年間家賃収入対比4.5% |
| | 地代家賃 | | | 1,050 | 固定資産税等の3倍 |
| | その他諸経費 | 1,750 | 73 | 1,677 | 年間家賃収入対比7％ |
| | 青色申告特別控除 | 650 | 100 | | |
| 不動産経費計 | | 8,187 | 673 | 13,084 | |
| 不動産所得 | | 16,813 | 377 | 11,916 | |
| | 基礎控除 | 480 | 480 | | |
| 所得合計 | | 16,333 | 3,457 | 11,916 | |

16

| 各種税額 | 項目 | 個人事業主 | 不動産所有方式 個人 | 法人 | 備考 |
|---|---|---|---|---|---|
| | 所得税 | 3,854 | 264 | | |
| | 復興税 | 80 | 5 | | |
| | 住民税 | 1,633 | 345 | | |
| | 個人事業税 | 728 | | | 室数10室以上のため課税あり |
| | 消費税 | | | | 居住用のため免税 |
| | 法人税 | | | 2,109 | 資本金1億円以下の普通法人，税率15%（800万円以下） |
| | 地方法人税 | | | 217 | 法人税額×10.3% |
| | 均等割 | | | 70 | 資本金等の額1千万円以下，従業員数50人以下 |
| | 法人税割 | | | 148 | 法人税額×7% |
| | 事業税 | | | 626 | 資本金1億円以下の普通法人，税率所得×3.5%（400万円以下） |
| | 特別法人事業税 | | | 232 | 事業税×37% |
| | 消費税 | | | 0 | 居住用のため免税 |
| 税額合計 | | 6,295 | 614 | 3,401 | |
| 所得税・法人税額合計 | | 6,295 | 4,015 | | 法人化前後の税額差 −2,280 |
| 実行税率 | | 37% | 32% | | |

【キャッシュフロー計算】

| CF | | 個人事業主 | 不動産所有方式 個人 | 不動産所有方式 法人 | 備考 |
|---|---|---|---|---|---|
| | 給与 | | 5,000 | | ① 手取り額 |
| | 不動産所得 | 16,813 | 377 | 11,916 | ② |
| | 税額合計 | 6,295 | 614 | 3,401 | ③ |
| | 青色申告特別控除 | 650 | 100 | | ④ |
| | 減価償却費 | 2,970 | | 2,990 | ⑤ |
| 手残り額 | | 14,138 | 4,863 | 11,505 | ①＋②－③＋④＋⑤ |
| 個人・法人手残り額合計 | | 14,138 | 16,368 | | |

| 法人化前後の手取り差額 | 2,230 |
|---|---|

## ⑴ 不動産収入の比較

　法人が関係しない個人事業主（土地及び建物が個人所有）の場合の個人の収入は，家賃収入の25,000千円となります。一方，不動産所有方式の場合は，家賃収入25,000千円は不動産管理会社が得ることとなり，個人の不動産収入は不動産管理会社から支払を受ける地代1,050千円のみとなります。結果として，不動産法人化前と比べると，ほとんどの不動産収入が不動産管理会社に移転することになります。

---

　○　**法人が関係しない個人事業主の場合**

　　　個人……家賃収入25,000千円　　　法人……収入なし

　○　**不動産所有方式の場合**

　　　個人……地代収入1,050千円　　　法人……家賃収入25,000千円

---

## ⑵ 経費の負担者の比較

　法人が関係しない個人事業主の場合，不動産所得に係る必要経費は全て個人負担となります。一方，建物を不動産管理会社に移転した後は，建物に係る経費は不動産管理会社が負担し，土地に係る経費は個人が負担することになります。具体的には，建物に係る固定資産税・都市計画税，建物の減価償却費，火災保険料，建物に係る借入利息，外部の管理会社に支払う管理料，建物の修繕費，個人に支払う地代等が不動産管理会社の負担となり，個人が負担する経費は土地に係る固定資産税・都市計画税等の経費のみとなります。

　また，税理士等に税務申告業務を依頼する場合，法人が関係しない個人事業主の場合は所得税確定申告に係る税理士報酬のみが生じることになりますが，建物を不動産管理会社に移転した場合は，所得税確定申告に係る報酬に加え，法人税確定申告に係る報酬も生じることになります。

　法人を設立した場合には，法人税申告書等の作成，申告に当たっての資料の収集や整理等の業務が生ずることも合わせて検討する必要があるでしょう。

## (3)　給与の支払

　建物の所有者を不動産管理会社とした場合，不動産管理会社に家賃収入が集約されます。この家賃収入を原資とし，不動産管理会社から地主兼法人オーナーである個人やその家族に給与を支払うことにより，所得分散効果を得ることができます。本事例の場合，不動産管理会社は個人に支給する役員報酬5,000千円を損金に算入します。オーナー個人は給与収入から，給与所得控除額を控除することができるため，給与所得は3,560千円となります。

| 給与等の収入金額<br>（給与所得の源泉徴収票の支払金額） | 給与所得控除額 |
|---|---|
| 1,625,000円まで | 550,000円 |
| 1,625,001円から　1,800,000円まで | 収入金額×40％－100,000円 |
| 1,800,001円から　3,600,000円まで | 収入金額×30％＋80,000円 |
| 3,600,001円から　6,600,000円まで | 収入金額×20％＋440,000円 |
| 6,600,001円から　8,500,000円まで | 収入金額×10％＋1,100,000円 |
| 8,500,001円以上 | 1,950,000円（上限） |

> 給与収入5,000千円の場合，給与所得控除後の給与所得3,560千円

　また，地主個人の相続財産圧縮のため，地主個人ではなくその子供に役員報酬を支払う方法や，所得分散効果を高めるため，複数の家族に役員報酬を支給する方法も考えられます。ただし，法人税法上損金に算入することができる役員報酬の額は，役員の職務の対価として相当であると認められる金額に限られ，経営に関与していない者等に対して支払う役員報酬が，不相当に高額であると判断された場合は，損金に算入することができません。役員報酬の支給額が妥当であるかについては十分な検討が必要となります。

## (4)　地代の支払

　個人が所有する土地・建物のうち建物のみを不動産管理会社に移転すると，付随して「借地権」と「地代」の問題が生じます。借地権をどのように認識するかにより，設定する地代の額も異なることになります。借地権に関する税務上の原則的な取扱いには，次の3つの形態があります。

① 権利金収受方式
② 相当の地代方式
③ 無償返還の届出方式

### ① 権利金収受方式

　個人が建物を不動産管理会社に譲渡すると，個人が所有する土地を不動産管理会社が賃借することとなり，借地権が設定されたことになります。権利金を支払う慣行がある地域においては，通常，借地権の設定の対価として権利金の授受が行われます。権利金を支払う慣行があるにもかかわらず権利金の授受が行われないときは，原則として，建物所有者である不動産管理会社が土地所有者である個人から無償で借地権の贈与を受けたとものして，受贈益に法人税が課税されます。これを「権利金の認定課税」といいます。

　土地の賃貸借期間中は，貸主個人が留保している底地に対する使用料として，不動産管理会社は「通常の地代」を支払うことになります。通常の地代とは，相場に基づき第三者間で通常やりとりされる地代を指します。

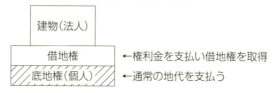

### ② 相当の地代方式

　相当の地代方式は，権利金の授受を行わない代わりに土地全体に対する地代を支払う方式をいいます。権利金の授受に代えて「相当の地代」を支払えば，権利金の認定課税は行われません。「相当の地代」の額は，土地の更地価額の概ね年6％程度の金額です。相当の地代方式の地代の改訂方法は，3年以内ごとに改訂を行う「改訂方式」と「改訂方式以外」（一般的には地代を据え置く

方式）があります。

## ③ 無償返還の届出方式

「土地の無償返還の届出」とは，借地権の設定等に係る契約書において，将来借地人がその土地を無償で返還することが定められている場合に，これを税務署長に届け出る手続です。貸主借主双方が借地権を財産として認識しない場合には，借地権の価額相当の経済的利益に対し認定課税を行わないとする考え方に基づくものです。

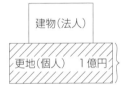

本事例の場合，上述の3つの借地権の設定方式の内，どの方式を採用するのが適当でしょうか。貸主が地主兼オーナー個人で，借地人が不動産管理会社の場合には，貸主と借主は利害関係が相反しない同族関係者に当たります。したがって，権利金の授受により個人に多額の所得税が課税される権利金収受方式が採用されることは多くありません。また，現在の日本の経済環境を勘案すると，地価が継続的に上昇し続けることは想定しづらいため，相当の地代方式を採用するケースも多くないものと考えられます。実務上は同族関係者である個人と不動産管理会社間においては，無償返還の届出方式を選択し，権利金の認定課税のリスクを排除しながら，地代の授受を行うケースが最も多いものと考

えられます。

　無償返還の届出書を提出している場合，税務上は，建物所有者である不動産管理会社に帰属する借地権はないと考えるため，不動産管理会社が支払う税務上の適正な地代の額は，土地全体に対する「相当の地代」であるといえます。ただし，個人が実際に受け取る地代の額が相当の地代未満であっても，相当の地代に引き直して収入計上する必要はなく，実際に受け取る地代の額が収入金額となります。これは，所得税法36条において，「収入金額はその年において収入すべき金額とする」と規定されているためです。つまり，地主個人サイドは，実際に収受する地代を収入金額として計上すればよく，現実に収受しない地代について地代の認定課税を受けることはありません。

　一方，建物所有者である不動産管理会社は，実際に支払う地代が相当の地代に満たない場合は，理論上は，相当の地代と実際の地代の差額相当を，貸主個人から無償でもらったものとして受贈益に対する課税が行われます。ただし，受贈益と同額が地代として損金に算入されるため，結果として益金と損金が相殺され，不動産管理会社の課税所得への影響はありません。

| （地代）○○○　／　（受贈益）○○○ | ⇒損益が相殺され課税への影響なし |

　結論として，土地が個人所有，建物が不動産管理会社所有の場合には，所得分散効果を引き下げるような相当の地代の支払を選択する必要はなく，通常の地代の授受を行えば足りるものと考えられます。ただし，固定資産税相当額のみの低い水準の地代を設定すると，使用貸借とみなされ，オーナーの相続発生時の土地評価が自用地評価となってしまいます。これを避けるため，賃貸借とみなされる程度の水準の地代（一般的には固定資産税相当額の2〜3倍程度以上）を設定しておいた方がよいケースが多いものと思われます。

　賃貸借とみなされる水準の地代の授受をしておけば，相続時の土地評価は「貸家建付地」の評価となり，更に「小規模宅地等の特例」の適用により，200㎡まで50%の減額が可能となります。

　本事例では，「無償返還の届出方式」かつ「通常の地代」を選択し，土地の

固定資産税・都市計画税年額の350千円の3倍である1,050千円を地代としています。

## (5) 青色申告特別控除

　所得税の計算において，事業所得や不動産所得を生ずべき事業を営んでいる青色申告者で，取引を複式簿記により記帳し，貸借対照表及び損益計算書を確定申告書に添付して法定申告期限内に提出している場合には，最高65万円（e-Tax等による電子申告を行っていない場合は55万円）を控除することができます。

　不動産所得は，「不動産貸付けが事業として行われている」場合には65万円が控除でき，それ以外の場合には10万円が控除できます。不動産の貸付けが事業として行われているかどうかについては，社会通念上事業と称するに至る程度の規模で行われているかどうかによって，実質的に判断しますが，建物の貸付けについては，次のいずれかの基準に当てはまれば，原則として事業として行われているものとして取り扱われます。

---

○　貸間，アパート等は，貸与することのできる独立した室数が概ね10室以上であること

○　独立家屋の貸付けは，概ね5棟以上であること

---

　本事例の場合，居住用賃貸物件の住戸数は12戸あるため，室数が10室以上の要件を満たします。したがって，個人が土地建物を所有している場合には，その他の要件を満たせば，不動産所得の計算上65万円を控除することができます。一方，建物を法人に譲渡した後は，個人の不動産収入は法人から受け取る地代1,050千円のみとなるため，個人が控除をすることができる青色申告特別控除額は10万円のみとなります。

第2章　方式別のキャッシュフローの比較　*23*

# 3 個人所有の場合と法人所有の場合の課税の違い

## (1) 所得税と法人税の違い

不動産を賃貸することで得られる儲けに対しては税金が課税されますが，賃貸人の属性により課税される税目が異なることになります。賃貸人が個人の場合には所得税が，法人の場合には法人税が課税されます。

### ① 個人の儲けに対する課税―所得税と住民税

所得税は，個人の所得に対してかかる税金で，1年間の全ての所得から所得控除を差し引いた残りの課税所得に税率を適用し税額を計算します。所得税の税率は，所得が多くなるにしたがって段階的に高くなり，納税者がその支払能力に応じて公平に税を負担する「超過累進税率」となります。不動産所得は他の所得と合算して計算を行う総合課税の対象となり，所得税の税率は，5％から45％の7段階に区分されています。

個人は，所得税と合わせて住民税を地方自治体に収めることになります。住民税は，前年の所得金額に応じて課税され，所得のおよそ10％の税率が課税されます。

課税所得金額別の所得税・住民税額の速算表は次表のとおりとなります。

【所得税・住民税の速算表】

| 課税所得金額 | 所得税税率 | 控除額 | 住民税税率 |
|---|---|---|---|
| 1,000円 から 1,949,000円まで | 5％ | 0 | 10％ |
| 1,950,000円 から 3,299,000円まで | 10％ | 97,500 | 10％ |
| 3,300,000円 から 6,949,000円まで | 20％ | 427,500 | 10％ |
| 6,950,000円 から 8,999,000円まで | 23％ | 636,000 | 10％ |
| 9,000,000円 から 17,999,000円まで | 33％ | 1,536,000 | 10％ |
| 18,000,000円 から 39,999,000円まで | 40％ | 2,796,000 | 10％ |
| 40,000,000円 以上 | 45％ | 4,796,000 | 10％ |

法人化により所得税率が減少

（※）令和19年までは上記に加え復興特別所得税が基準所得税額の2.1％かかります。

　上記の他に，個人が一定の事業を営んでいる場合には個人事業税が課税されます。

## ② 法人の儲けに対する課税—法人税

　法人税は，法人の企業活動により得られる所得に対して課される国税となり，法人税額は，所得金額に税率をかけて算出します。法人税の税率は，法人の区分に応じ異なります。また，法人税を納める義務がある法人には，地方法人税を納める義務があります。地方法人税の額は，各課税事業年度の課税標準法人税額に10.3％の税率を乗じて計算した金額とされています。上述の国税の他，都道府県や市区町村に収める法人事業税，法人住民税があります。儲けのおよそ2〜3割が税金と考えるとよいでしょう。

【資本金1億円以下の法人の法人税率】

| 課税所得 | 法人税 | 地方法人税 |
|---|---|---|
| 年800万円以下 | 15.0％ | 10.3％ |
| 年800万円超 | 23.2％ | 10.3％ |

## ③ 所得税と法人税の税率の比較

　個人に課税される所得税は超過累進税率となるため，住民税も合わせると最

第2章　方式別のキャッシュフローの比較　*25*

大で5割を超える税率となります。一方，不動産管理会社に課税される法人税等は一定の税率により課税が行われるため，中小法人であれば2〜3割程度の税率となります。個人と法人の税率差を勘案すると，個人の所得税率が高い場合には，不動産管理会社を設立し，法人税の課税所得を増やした方が有利となります。

　本事例の場合，法人が関係しない個人事業主の場合は不動産収入額が25,000千円，不動産所得額が16,813千円の前提で，個人に係る税額の合計は6,295千円，実効税率はおよそ37％となります。一方，不動産所有方式の場合は，個人に係る税額の合計が614千円，不動産管理会社に係る税額の合計が3,401千円，法人個人合計で4,015千円，実効税率はおよそ32％となり，法人化前と比較して，年間2,280千円の節税効果が生じます。

# 4　個人所有の場合と法人所有の場合のキャッシュフローの比較

　法人が関係しない個人事業主の場合と不動産所有方式の場合のキャッシュフローを比較すると，不動産所有方式の方が手残り額の合計が年間2,230千円ほど増加する結果となります。毎年のキャッシュフローの差額は，長年の蓄積により更に大きな差額となるため，個人の所得税率が高い場合には，長期的なキャッシュフローの観点からは，不動産管理会社を設立し，法人税の課税所得を増やした方が有利となることが分かります。所得金額別の法人化の有利判定については事例5でシミュレーションを行いますが，一般的に課税所得金額ベースで6,000千円，税理士費用等の経常コストの増加等も勘案して7,000千円程度を超えてくると，不動産所有方式を選択した方が有利となる傾向があります。

> シミュレーション **3**

# 不動産管理委託方式

**シミュレーション内容**

個人が賃貸不動産を所有したまま，不動産管理会社に管理業務を委託する「管理委託方式」のキャッシュフローをシミュレーションします。

　個人が土地及び建物を所有したまま，管理のみを不動産管理会社に委託する「不動産管理委託方式」の税金計算やキャッシュフローについて，法人が関係しない個人事業主の場合と比較をしながらシミュレーションを行います。

## 1　不動産管理委託方式

　個人が所有する不動産を法人化する場合の，不動産管理会社の方式は次の3つの方式に分けることができます（詳細は **シミュレーション 2** 参照）。

(1)　不動産所有方式

**(2)　不動産管理委託方式**

(3)　サブリース方式

　本事例では，(2)不動産管理委託方式のシミュレーションを行います。不動産管理委託方式では，土地と建物は地主個人の所有のままで，個人が不動産管理会社に賃貸物件の管理業務を委託します。一般的な賃貸物件の管理業務は，入居者の募集，賃料の回収，入退去手続，契約の締結，更新，解除手続等の業務をいいます。不動産管理委託方式では，家賃収入は賃貸建物の所有者である個人に帰属したままとなり，不動産管理会社は個人から委託された賃貸不動産の管理業務に係る管理料を得ることになります。

第2章　方式別のキャッシュフローの比較　　*27*

## 2 個人事業主の場合と不動産管理委託方式の場合の比較シミュレーション

　ここからは,「不動産管理委託方式」のキャッシュフローのシミュレーションを行います。地主個人は賃借人から家賃を収受し,不動産管理会社に管理料を支払います。個人が不動産事業を行う場合と,不動産管理委託方式を採用する場合の年間の税金及びキャッシュフローの比較は以下のようになります。

前提条件

(単位:千円)

| | | |
|---|---:|---|
| 土地時価 | 150,000 | 個人所有 |
| 建物時価 | 90,600 | 築20年,個人所有 |
| 年間家賃収入 | 25,000 | 4階建て居住用アパート,住戸数12戸 |
| 役員報酬 | 550 | 地主個人が役員に就任し法人が給与を支払う |
| 土地　固定資産税等 | 350 | 固定資産税・都市計画税合計 |
| 建物　固定資産税等 | 842 | 固定資産税・都市計画税合計 |
| 減価償却費 | 2,970 | 鉄筋コンクリート造,住宅用,耐用年数47年,旧定額法 |
| 管理料 | 1,250 | 不動産管理会社に家賃収入の5%を支払う |
| 地代 | 0 | 土地建物共に個人所有のため地代は生じない |
| 修繕費 | 1,125 | 家賃収入の4.5%と仮定 |
| その他諸経費 | 1,750 | 家賃収入の7%と仮定 |

(※) 社会保険料は未考慮

【税額計算】　　　　　　　　　　　　　　　　　　　　　　　（単位：千円）

| | 個人事業主 | 不動産管理委託方式 | | 備考 |
|---|---|---|---|---|
| | | 個人 | 法人 | |
| 給与所得 | | 0 | | 給与所得控除55万円控除後0円 |
| 不動産収入 | 25,000 | 25,000 | 1,250 | |
| 役員報酬 | | | 550 | 地主個人が役員に就任 |
| 建物固定資産税等 | 842 | 842 | | |
| 土地固定資産税等 | 350 | 350 | | |
| 減価償却費 | 2,970 | 2,970 | | |
| 税理士報酬 | 500 | 350 | 200 | |
| 支払利息 | | | | 金融機関からの借入返済済 |
| 管理料 | | 1,250 | | 年間家賃収入対比5％ |
| 修繕費 | 1,125 | 1,125 | | 年間家賃収入対比4.5% |
| 地代家賃 | | | | |
| その他諸経費 | 1,750 | 1,663 | 87 | 年間家賃収入対比7％ |
| 青色申告特別控除 | 650 | 650 | | |
| 不動産経費計 | 8,187 | 9,200 | 837 | |
| 不動産所得 | 16,813 | 15,800 | 413 | |
| 基礎控除 | 480 | 480 | | |
| 所得合計 | 16,333 | 15,320 | 413 | |

| 各種税額 | | | | | 備考 |
|---|---|---|---|---|---|
| | 所得税 | 3,854 | 3,520 | | |
| | 復興税 | 80 | 73 | | |
| | 住民税 | 1,633 | 1,532 | | |
| | 個人事業税 | 728 | 677 | | 室数10室以上のため課税あり |
| | 消費税 | | | | 居住用のため免税 |
| | 法人税 | | | 62 | 資本金1億円以下の普通法人,税率15%(800万円以下) |
| | 地方法人税 | | | 6 | 法人税額×10.3% |
| | 均等割 | | | 70 | 資本金等の額1千万円以下,従業員数50人以下 |
| | 法人税割 | | | 4 | 法人税額×7% |
| | 事業税 | | | 14 | 資本金1億円以下の普通法人,税率所得×3.5%(400万円以下) |
| | 特別法人事業税 | | | 5 | 事業税×37% |
| | 消費税 | | | 0 | 居住用のため免税 |
| 税額合計 | | 6,295 | 5,802 | 162 | |
| 所得税・法人税額合計 | | 6,295 | 5,964 | | 法人化前後の税額差−331 |
| 実行税率 | | 37% | 36% | | |

## 【キャッシュフロー計算】

| | | 個人事業主 | 不動産管理委託方式 | | 備考 |
|---|---|---|---|---|---|
| | | | 個人 | 法人 | |
| CF | 給与 | | 550 | | ① 手取り額 |
| | 不動産所得 | 16,813 | 15,800 | 413 | ② |
| | 税額合計 | 6,295 | 5,802 | 162 | ③ |
| | 青色申告特別控除 | 650 | 650 | | ④ |
| | 減価償却費 | 2,970 | 2,970 | | ⑤ |
| | 手残り額 | 14,138 | 14,168 | 251 | ①＋②－③＋④＋⑤ |
| 個人・法人手残り額合計 | | 14,138 | 14,419 | | |

| 法人化前後の手取り差額 | 281 |
|---|---|

## (1) 不動産収入の比較

　個人事業主の場合も，不動産管理委託方式の場合も，家賃収入25,000千円は建物所有者である個人に帰属します。

　不動産管理委託方式の場合は，不動産管理会社の収入は個人から収受する5％の管理料1,250千円のみとなります。結果として，ほとんどの不動産収入が個人に帰属したままとなり，管理料相当額の所得のみが法人に分散されることになります。

　シミュレーション2の不動産所有方式では，建物が法人に移転するため，家賃収入25,000千円は法人が収受することとなり，個人の不動産収入は法人から支払を受ける地代1,050千円のみとなりました。不動産所有方式の場合は，ほとんどの不動産収入が法人に移転することになるのに対し，不動産管理委託方式の場合はほとんどの収入が個人に残ることになります。

---

　○　**法人が関係しない個人事業主の場合**
　　　個人……家賃収入25,000千円　　　法人……収入なし
　○　**不動産管理委託方式（管理料5％）の場合**
　　　個人……家賃収入25,000千円　　　法人……管理料　1,250千円
　○　**不動産所有方式の場合**
　　　個人……地代収入1,050千円　　　法人……家賃収入25,000千円

---

## (2) 経費の負担者の比較

　法人が関係しない個人事業主の場合の不動産所得に係る必要経費は全額が個人負担となります。不動産管理委託方式会社の場合も，土地及び建物は個人に帰属したままとなるため，土地及び建物に係る固定資産税・都市計画税，建物の減価償却費，火災保険料，借入利息，建物の修繕費等は個人の負担となります。また，個人は不動産管理の対価として不動産管理会社に管理料を支払います。

　税務においては，同族関係者間における不動産管理料の水準が問題となるこ

第2章　方式別のキャッシュフローの比較　*31*

とがあるため，個人と不動産管理会社間の管理委託契約において，不動産管理会社に委託する業務の範囲を明確化し，不動産管理会社が実態として管理業務を行うことが重要となります。

　なお，本シミュレーションでは不動産管理会社が全ての管理業務を行う前提としていますが，実務においては，必ずしも全ての管理業務を担う必要があるわけではなく，不動産管理会社の負担において，外部の管理会社に管理業務の再委託を行うことも可能です。

　また，税理士等に税務申告業務を依頼する場合，法人が関係しない個人事業主の場合は所得税確定申告に係る税理士報酬のみが発生することになりますが，不動産管理委託方式の場合は，所得税確定申告に係る報酬に加え，不動産管理会社の法人税確定申告に係る報酬も生じることになります。

　法人を設立した場合には，法人税申告書等の作成，申告に当たっての資料の収集や整理等の業務が生じることも合わせて検討する必要があるでしょう。

## (3)　給与の支払

　不動産管理委託方式を選択した場合，不動産管理会社は個人から受け取る管理料を原資として，建物所有者兼法人オーナーである個人やその家族に給与を支払うことができます。本事例では，不動産管理会社は個人に支給する役員報酬550千円を損金に算入します。オーナー個人は給与収入から，給与所得控除額を控除することができるため，給与所得は0円となり550千円分の節税効果が生じます。

| 給与等の収入金額<br>（給与所得の源泉徴収票の支払金額） | 給与所得控除額 |
|---|---|
| 1,625,000円まで | 550,000円 |
| 1,625,001円から　1,800,000円まで | 収入金額×40％－100,000円 |
| 1,800,001円から　3,600,000円まで | 収入金額×30％＋80,000円 |
| 3,600,001円から　6,600,000円まで | 収入金額×20％＋440,000円 |
| 6,600,001円から　8,500,000円まで | 収入金額×10％＋1,100,000円 |
| 8,500,001円以上 | 1,950,000円（上限） |

給与収入から550千円の給与所得控除後の給与所得0円

　また，個人の所得税や相続税圧縮のため，オーナー個人ではなくその子供に役員報酬を支給する方法や，複数の家族に役員報酬を支給する方法も考えられます。ただし，法人税法上損金に算入することができる役員報酬の額が，役員の職務の対価として相当であると認められる金額に限られます。経営に関与していない者等に対して支払う役員報酬が，不相当に高額であると判断された場合は，損金に算入することができません。役員報酬の支給額が妥当であるかについては十分な検討が必要となります。

## (4)　地代の支払

　不動産所有方式の場合は，建物が不動産管理会社に移転するため，不動産管理会社から地主個人への地代の支払が発生しますが，不動産管理委託方式の場合は，建物の所有は個人のままとなるため，地代は発生しません。

## (5)　青色申告特別控除

　所得税の計算において，事業所得や不動産所得を生ずべき事業を営んでいる青色申告者で，取引を複式簿記により記帳し，貸借対照表及び損益計算書を確定申告書に添付して法定申告期限内に提出している場合には，最高65万円（e-Tax等による電子申告を行っていない場合は55万円）を控除することができます。

　不動産所得は，「不動産貸付けが事業として行われている」場合には65万円

が控除でき，それ以外の場合には10万円が控除できます。不動産の貸付けが事業として行われているかどうかについては，社会通念上事業と称するに至る程度の規模で行われているかどうかによって，実質的に判断しますが，建物の貸付けについては，次のいずれかの基準に当てはまれば，原則として事業として行われているものとして取り扱われます。

---

○　貸間，アパート等は，貸与することのできる独立した室数が概ね10室以上であること

○　独立家屋の貸付けは，概ね5棟以上であること

---

本事例の場合，居住用賃貸物件の住戸数は12戸あるため，室数が10室以上の要件を満たします。法人が絡まない個人事業主の場合も，不動産管理委託方式の場合も，個人が建物を所有しているため，不動産所得の計算上65万円を控除することができます。一方，シミュレーション2の不動産所有方式の場合は，個人の不動産収入は法人から受けとる地代1,050千円のみとなるため，個人が控除をすることができる青色申告特別控除額は10万円のみとなります。

# 3　個人事業主の場合と不動産管理委託方式の場合の課税の違い

## (1)　所得税と法人税の違い

不動産を賃貸することで得られる儲けに対しては税金が課税されることになりますが，賃貸人の属性により課税される税目が異なることになります。個人の場合には所得税が，法人の場合には法人税が課税されます。

### ①　個人の儲けに対する課税─所得税と住民税

所得税は，個人の所得に対してかかる税金で，1年間の全ての所得から所得控除を差し引いた残りの課税所得に税率を適用し税額を計算します。所得税の税率は，所得が多くなるに従って段階的に高くなり，納税者がその支払能力に応じて公平に税を負担する「超過累進税率」となります。不動産所得は他の所

得と合算して計算を行う総合課税の対象となり，所得税の税率は，5％から45％の7段階に区分されています。

　個人は，所得税と合わせて住民税を地方自治体に収めることになります。住民税は，前年の所得金額に応じて課税され，所得のおよそ10％の税率で課税されます。

　課税所得金額別の所得税・住民税額の速算表は次表のとおりとなります。

**【所得税・住民税の速算表】**

| 課税所得金額 | 所得税税率 | 控除額 | 住民税税率 |
|---|---|---|---|
| 1,000円 から 1,949,000円まで | 5％ | 0 | 10% |
| 1,950,000円 から 3,299,000円まで | 10% | 97,500 | 10% |
| 3,300,000円 から 6,949,000円まで | 20% | 427,500 | 10% |
| 6,950,000円 から 8,999,000円まで | 23% | 636,000 | 10% |
| 9,000,000円 から 17,999,000円まで | 33% | 1,536,000 | 10% |
| 18,000,000円 から 39,999,000円まで | 40% | 2,796,000 | 10% |
| 40,000,000円 以上 | 45% | 4,796,000 | 10% |

（法人化前後で税率ゾーンの変更なし）

（※）令和19年までは上記に加え復興特別所得税が基準所得税額の2.1％
　　　かかります。

　上記の他に，個人が一定の事業を営んでいる場合には個人事業税が課税されます。

## ②　法人の儲けに対する課税─法人税

　法人税は，法人の企業活動により得られる所得に対して課される国税となり，法人税額は，所得金額に税率をかけて算出します。法人税の税率は，法人の区分に応じ異なります。また，法人税を納める義務がある法人には，地方法人税を納める義務があります。地方法人税の額は，各課税事業年度の課税標準法人税額に10.3％の税率を乗じて計算した金額とされています。上述の国税の他，都道府県や市区町村に収める法人事業税，法人住民税があります。儲けのおよそ2〜3割が税金と考えるとよいでしょう。

第2章　方式別のキャッシュフローの比較　　*35*

**【資本金1億円以下の法人の法人税率】**

| 課税所得 | 法人税 | 地方法人税 |
|---|---|---|
| 年800万円以下 | 15.0% | 10.3% |
| 年800万円超 | 23.2% | 10.3% |

### ③ 所得税と法人税の税率の比較

　個人に課税される所得税は超過累進税率である一方，法人税は原則として一定の税率により課税が行われます。個人の所得税率が高い場合には，不動産管理会社を設立し，法人税の課税所得を増やした方が有利となります。

　本事例の場合，法人が関係しない個人事業主の場合は不動産収入額が25,000千円，不動産所得額が16,813千円の前提で，個人に係る税額の合計は6,295千円，実効税率はおよそ37％となります。一方，不動産管理委託方式を選択した場合は，個人に係る税額の合計が5,802千円，不動産管理会社に係る税額の合計が162千円，法人個人合計で5,964千円となり，法人が関係しない個人事業主の場合と比較して，年間331千円ほど税金総額が減ります。法人に分散することができる所得の金額が少ないため，不動産所有方式の場合と比べると，節税効果は小さいといえます。

## 4　個人事業主の場合と不動産管理委託方式の場合のキャッシュフローの比較

　法人が関係しない個人事業主の場合と，不動産管理委託方式の場合のキャッシュフローを比較すると，管理料率を5％に設定した場合は，法人化後の方が法人化前と比べて手残り額の合計が281千円ほど増加する結果となり，不動産所有方式と比較すると，キャッシュフローの改善効果は小さいといえます。

　一方，不動産管理委託方式の管理料率を10％にした場合は，個人事業主の場合と比べた手残り額の増加額が645千円に，20％の場合は1,198千円になります。管理料率が高くなるほど，法人への所得移転効果が増すため，法個人合計の手取り金額は増加することになります。ただし，不動産管理料が過大であるとみ

36

なされた場合は，租税回避行為に当たるとして課税庁から否認される可能性がある点に注意が必要となります。管理料が不相当に高額であるとみなされた場合には，適正な管理料を元に所得計算が行われることになります。課税庁からの否認リスク等も考慮すると，管理委託方式の場合の管理料率は，一般的には，市中の管理会社に委託する場合と同程度の３％～８％程度で設定されていることが多いようです。管理料の設定に当たっては，実際の管理業務に応じた適正な管理料を定める他，契約書等の書面についても整備することが必要となります。

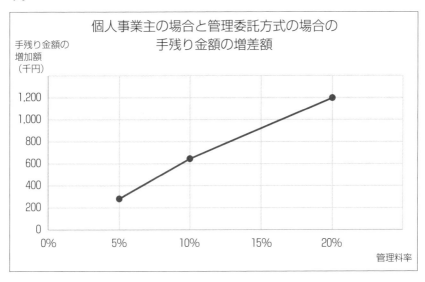

## シミュレーション 4

# サブリース方式

### シミュレーション内容

個人が賃貸不動産を所有したまま，不動産管理会社に一括して転貸をする「サブリース方式」のキャッシュフローをシミュレーションします。

## 1 サブリース方式

個人が所有する不動産を法人化する場合の，不動産管理会社の方式は次の3つの方式に分けることができます（詳細はシミュレーション2参照）。

(1) 不動産所有方式
(2) 不動産管理委託方式
(3) **サブリース方式**

本事例では，(3)サブリース方式のシミュレーションを行います。サブリース方式では，土地及び建物は地主個人所有のままで，個人が不動産管理会社に賃貸物件を一括して貸し付け，不動産管理会社は一括借上げをした不動産を更に入居者に転貸します。不動産管理委託方式が個人と入居者による契約であるのに対し，サブリース方式の場合は不動産管理会社と入居者による契約となる点が大きな違いとなります。

## 2 個人事業主の場合とサブリース方式の場合の比較シミュレーション

サブリース方式の場合，不動産管理会社は賃借人から家賃を収受し，一括借上げに係る賃料を個人に支払います。本事例では，「サブリース方式」の税金

計算やキャッシュフローついて，法人が関係しない個人事業主の場合と比較をしながらシミュレーションを行います。

| 前提条件 | | |
|---|---|---|

(単位：千円)

| 土地時価 | 150,000 | 個人所有 |
|---|---|---|
| 建物時価 | 90,600 | 築20年、個人所有、未償却残高 |
| 年間家賃収入 | 25,000 | 4階建て居住用アパート、住戸数12戸、入居者からの家賃 |
| 一括借上賃料 | 21,250 | 満室時家賃収入の85%を不動産管理会社が家賃保証 |
| 役員報酬 | 550 | 地主個人が役員に就任し法人が給与を支払う |
| 土地　固定資産税等 | 350 | 固定資産税・都市計画税合計 |
| 建物　固定資産税等 | 842 | 固定資産税・都市計画税合計 |
| 減価償却費 | 2,970 | 鉄筋コンクリート造、住宅用、耐用年数47年、旧定額法 |
| 地代 | 0 | 土地建物共に個人所有のため地代は生じない |
| 修繕費 | 1,125 | 家賃収入の4.5%と仮定 |
| その他諸経費 | 1,750 | 家賃収入の7%と仮定 |

(※) 社会保険料は未考慮

【税額計算】                                （単位：千円）

| | 個人事業主 | サブリース方式 | | 備考 |
|---|---|---|---|---|
| | | 個人 | 法人 | |
| 給与所得 | | 0 | | 給与所得控除55万円控除後0円 |
| 不動産収入 | 25,000 | 21,250 | 25,000 | 一括借上賃料は満室時の85% |
| 役員報酬 | | | 550 | 地主個人が役員に就任 |
| 建物固定資産税等 | 842 | 842 | | |
| 土地固定資産税等 | 350 | 350 | | |
| 減価償却費 | 2,970 | 2,970 | | |
| 税理士報酬 | 500 | 350 | 200 | |
| 支払利息 | | | | 金融機関からの借入返済済 |
| 管理料 | | | | |
| 修繕費 | 1,125 | 1,125 | | 年間家賃収入対比4.5% |
| 地代家賃 | | | 21,250 | 対個人賃料は家賃収入比85% |
| その他諸経費 | 1,750 | 1,487 | 262 | 年間家賃収入対比7% |
| 青色申告特別控除 | 650 | 650 | | |
| 不動産経費計 | 8,187 | 7,774 | 22,262 | |
| 不動産所得 | 16,813 | 13,476 | 2,738 | |
| 基礎控除 | 480 | 480 | | |
| 所得合計 | 16,333 | 12,996 | 2,738 | |

40

| 各種税額 |  | 個人 | 個人 | 法人 | 備考 |
|---|---|---|---|---|---|
|  | 所得税 | 3,854 | 2,753 |  |  |
|  | 復興税 | 80 | 57 |  |  |
|  | 住民税 | 1,633 | 1,299 |  |  |
|  | 個人事業税 | 728 | 561 |  | 室数10室以上のため課税あり |
|  | 消費税 |  |  |  | 居住用のため免税 |
|  | 法人税 |  |  | 411 | 資本金1億円以下の普通法人、税率15%（800万円以下） |
|  | 地方法人税 |  |  | 42 | 法人税額×10.3% |
|  | 均等割 |  |  | 70 | 資本金等の額1千万円以下、従業員数50人以下 |
|  | 法人税割 |  |  | 29 | 法人税額×7％ |
|  | 事業税 |  |  | 96 | 資本金1億円以下の普通法人、税率所得×3.5%（400万円以下） |
|  | 特別法人事業税 |  |  | 35 | 事業税×37% |
|  | 消費税 |  |  | 0 | 居住用のため免税 |
| 税額合計 |  | 6,295 | 4,670 | 683 |  |
| 所得税・法人税額合計 |  | 6,295 | 5,353 |  | 法人化前後の税額差−942 |
| 実行税率 |  | 37% | 33% |  |  |

## 【キャッシュフロー計算】

| CF |  | 個人事業主 | サブリース方式 | | 備考 |
|---|---|---|---|---|---|
|  |  |  | 個人 | 法人 |  |
|  | 給与 |  | 550 |  | ① 手取り額 |
|  | 不動産所得 | 16,813 | 13,476 | 2,738 | ② |
|  | 税額合計 | 6,295 | 4,670 | 683 | ③ |
|  | 青色申告特別控除 | 650 | 650 |  | ④ |
|  | 減価償却費 | 2,970 | 2,970 |  | ⑤ |
| 手残り額 |  | 14,138 | 12,976 | 2,055 | ①＋②－③＋④＋⑤ |
| 個人・法人手残り額合計 |  | 14,138 | 15,031 | |  |

| 法人化前後の手取り差額 | 893 |
|---|---|

## (1) 不動産収入の比較

　法人が関係しない個人事業主の場合は，家賃収入の25,000千円は全額個人に帰属します。一方，サブリース方式の場合は，入居者と不動産管理会社が賃貸借契約を締結するため，入居者が支払う家賃25,000千円は不動産管理会社が収受することになります。不動産管理会社と地主個人もサブリースに係る賃貸借契約を締結し，不動産管理会社は地主個人に対して一括借上げ賃料を支払います。結果として，不動産収入の多くは最終的に地主個人に流れることとなり，不動産管理会社に残る金額は，入居者から収受する家賃と，地主個人に支払う一括借上げ賃料の差額となります。

　なお，入居者から不動産管理会社が収受する家賃は入居状況により変動しますが，不動産管理会社は個人から建物を一括して借り上げるため，不動産管理会社が個人に支払う賃料は入居状況にかかわらず一定額となります。結果として，不動産管理会社が空室リスクを負う（家賃保証をする）こととなるため，不動産管理会社が得る管理料相当額は，不動産管理委託方式と比べると高くなる傾向があります。本シミュレーションの場合，満室時の家賃収入25,000千円の85％相当の21,250千円を不動産管理会社が保証する家賃水準としています。

　個人事業主の場合，シミュレーション2の不動産所有方式，シミュレーション3の不動産管理委託方式と不動産に係る収入を比較すると，以下のようになります。

---

　○　**法人が関係しない個人事業主の場合**

　　　個人……家賃収入25,000千円　　　法人……収入なし

　○　**不動産管理委託方式（管理料5％）の場合**

　　　個人……家賃収入25,000千円　　　法人……管理料　1,250千円

　○　**不動産所有方式の場合**

　　　個人……地代収入1,050千円　　　法人……家賃収入25,000千円

　○　**サブリース方式（家賃保証85％）の場合**

　　　個人……賃料収入21,250千円　　　法人……家賃収入25,000千円

---

## ⑵　経費の負担者の比較

　法人が関係しない個人事業主の場合，不動産所得に係る必要経費は全額個人が負担します。サブリース方式の場合は，土地及び建物は個人に帰属したままとなるため，土地及び建物に係る固定資産税・都市計画税，建物の減価償却費，火災保険料，建物に係る借入利息等は個人の負担となります。建物の修繕や設備交換費用，入退去時のクリーニング費用等は個人が負担することが一般的ですが，賃貸借契約書等において予めそれぞれの負担範囲を定めて対応することができます。本シミュレーションでは，修繕費は個人が負担する前提としています。

　なお，本シミュレーションでは不動産管理会社が全ての管理業務を行う前提としていますが，実務においては，必ずしも不動産管理会社が全ての管理業務を担う必要があるわけではなく，不動産管理会社の負担において，外部の管理会社に管理業務の再委託を行うことも可能です。

　また，税理士等に税務申告業務を依頼する場合，法人が関係しない個人事業主の場合は所得税確定申告に係る税理士報酬のみが発生することになりますが，サブリース方式の場合は，所得税確定申告に係る報酬に加え，不動産管理会社の法人税確定申告に係る報酬も生じることになります。

　法人を設立した場合には，法人税申告書等の作成，申告に当たっての資料の収集や整理等の業務が生じることも合わせて検討する必要があるでしょう。

## ⑶　給与の支払

　サブリース方式を選択した場合，不動産管理会社は入居者から受けとる家賃と個人に支払う賃料の差額を原資として，地主兼法人オーナーである個人やその家族に給与を支払うことができます。本シミュレーションの場合，不動産管理会社は個人に支給する役員報酬550千円を損金に参入します。オーナー個人は，給与収入から給与所得控除額を控除することができるため，給与所得は0円となり，550千円分の節税効果が生じます。

| 給与等の収入金額<br>（給与所得の源泉徴収票の支払金額） | 給与所得控除額 |
|---|---|
| 1,625,000円まで | 550,000円 |
| 1,625,001円から　1,800,000円まで | 収入金額×40%−100,000円 |
| 1,800,001円から　3,600,000円まで | 収入金額×30%＋80,000円 |
| 3,600,001円から　6,600,000円まで | 収入金額×20%＋440,000円 |
| 6,600,001円から　8,500,000円まで | 収入金額×10%＋1,100,000円 |
| 8,500,001円以上 | 1,950,000円（上限） |

給与収入から550千円の給与所得控除後の給与所得0円

　また，個人の所得税や相続税圧縮のため，オーナー個人ではなくその子供に役員報酬を支払う方法や，複数の家族に役員報酬を支給する方法も考えられます。ただし，法人税法上損金に算入することができる役員報酬の額は，役員の職務の対価として相当であると認められる金額に限られ，経営に関与していない者等に対して支払う役員報酬が，不相当に高額であると判断された場合は，損金に算入することができません。役員報酬の支給額が妥当であるかについては十分な検討が必要となります。

## (4)　地代家賃の支払

　不動産所有方式の場合は，建物が不動産管理会社に移転するため，不動産管理会社から地主個人への地代の支払が発生しますが，サブリース方式の場合は，建物は個人所有のままとなるため，地代は発生しません。

　一方，不動産管理会社は地主個人に対して建物の一括借上げに係る賃料21,250千円を支払うことになります。当該賃料は不動産管理会社の経費となるため，不動産管理会社の課税所得が相当程度圧縮されることになります。

## (5)　青色申告特別控除

　所得税の計算において，事業所得や不動産所得を生ずべき事業を営んでいる青色申告者で，取引を複式簿記により記帳し，貸借対照表および損益計算書を確定申告書に添付して法定申告期限内に提出している場合には，最高65万円

（e-Tax等による電子申告を行っていない場合は55万円）を控除することができます。

　不動産所得は，「不動産貸付けが事業として行われている」場合には65万円が控除でき，それ以外の場合には10万円が控除できます。不動産の貸付けが事業として行われているかどうかについては，社会通念上事業と称するに至る程度の規模で行われているかどうかによって，実質的に判断しますが，建物の貸付けについては，次のいずれかの基準に当てはまれば，原則として事業として行われているものとして取り扱われます。

---

○　貸間，アパート等は，貸与することのできる独立した室数が概ね10室以上であること
○　独立家屋の貸付けは，概ね５棟以上であること

---

　本シミュレーションの場合，サブリース契約（一括借上による一の者との契約）ではあるものの，居住用賃貸物件の住戸数は12戸あるため，室数が10室以上の要件を満たします。法人が絡まない個人事業主の場合も，サブリース方式の場合も，個人が建物を所有しているため，個人は不動産所得の計算上65万円を控除することができます。

# 3　個人事業主の場合とサブリース方式の場合の課税の違い

## (1)　所得税と法人税の違い

　不動産を賃貸することで得られる儲けに対しては税金が課税されることになりますが，賃貸人の属性により課税される税目が異なることになります。個人の場合には所得税が，法人の場合には法人税が課税されます。

### ①　個人の儲けに対する課税―所得税と住民税

　所得税は，個人の所得に対してかかる税金で，１年間の全ての所得から所得控除を差し引いた残りの課税所得に税率を適用し税額を計算します。所得税の

第2章　方式別のキャッシュフローの比較　**45**

税率は，所得が多くなるに従って段階的に高くなり，納税者がその支払能力に応じて公平に税を負担する「超過累進税率」となります。不動産所得は他の所得と合算して計算を行う総合課税の対象となり，所得税の税率は，5％から45％の7段階に区分されています。

　個人は，所得税と合わせて，住民税を地方自治体に収めることになります。住民税は，前年の所得金額に応じて課税され，所得のおよそ10％の税率となります。

　課税所得金額別の所得税・住民税額の速算表は次表のとおりとなります。下記の他に，個人が一定の事業を営んでいる場合には，個人事業税が課税されます。

**【所得税・住民税の速算表】**

| 課税所得金額 | 所得税税率 | 控除額 | 住民税税率 | |
|---|---|---|---|---|
| 1,000円 から 1,949,000円まで | 5％ | 0 | 10% | |
| 1,950,000円 から 3,299,000円まで | 10% | 97,500 | 10% | |
| 3,300,000円 から 6,949,000円まで | 20% | 427,500 | 10% | |
| 6,950,000円 から 8,999,000円まで | 23% | 636,000 | 10% | |
| 9,000,000円 から 17,999,000円まで | 33% | 1,536,000 | 10% | ← 法人化前後で税率ゾーンの変更なし |
| 18,000,000円 から 39,999,000円まで | 40% | 2,796,000 | 10% | |
| 40,000,000円 以上 | 45% | 4,796,000 | 10% | |

（※）令和19年までは上記に加え復興特別所得税が基準所得税額の2.1％かかります。

## ②　法人の儲けに対する課税—法人税

　法人税は，法人の企業活動により得られる所得に対して課される国税となり，法人税額は，所得金額に税率をかけて算出します。法人税の税率は，法人の区分に応じ異なります。また，法人税を納める義務がある法人には，地方法人税を納める義務があります。地方法人税の額は，各課税事業年度の課税標準法人税額に10.3％の税率を乗じて計算した金額とされています。上述の国税の他，都道府県や市区町村に収める法人事業税，法人住民税があります。儲けのおよ

そ2～3割が税金と考えるとよいでしょう。

**【資本金1億円以下の法人の法人税率】**

| 課税所得 | 法人税 | 地方法人税 |
|---|---|---|
| 年800万円以下 | 15.0% | 10.3% |
| 年800万円超 | 23.2% | 10.3% |

### ③ 所得税と法人税の税率の比較

　個人に課税される所得税は超過累進税率である一方，法人税は原則として一定の税率により課税が行われます。個人の所得税率が高い場合には，不動産管理会社を設立し，法人税の課税所得を増やした方が有利となります。

　本事例の場合，法人が関係しない個人事業主の場合は不動産収入額が25,000千円，不動産所得額が16,813千円の前提で，個人に係る税額の合計は6,295千円，実効税率はおよそ37％となります。

　一方，サブリース方式の場合は，個人に係る税額の合計が4,670千円，不動産管理会社に係る税額の合計が683千円，法人個人合計で5,353千円，実効税率は33％となります。法人が関係しない個人事業主の場合と比較して，税金総額は年間942千円ほど減少します。法人に分散することができる所得の金額が少ないため，不動産所有方式の場合と比べると，節税効果は小さいといえますが，不動産管理会社が空室リスクを負い，より多くの管理料を収受する分，不動産管理委託方式よりも節税効果は大きくなります。

## 4　個人事業主の場合とサブリース方式の場合のキャッシュフローの比較

　法人が関係しない個人事業主の場合と，サブリース方式の場合のキャッシュフローを比較すると，家賃保証の水準を85％に設定した場合は，サブリース方式の方が手残り額の合計が893千円ほど増加する結果となりました。

　一方，サブリース方式において，一括借上げ賃料を入居者が満室時の家賃収入25,000千円の80％にした場合の手取り額の増加額は1,198千円，70％の場合は

1,756千円となります。

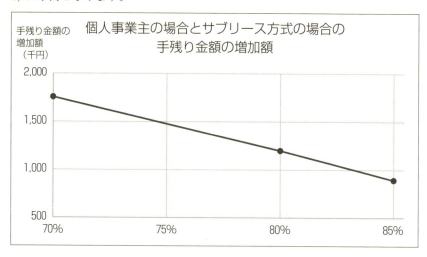

　一括借上げ賃料を下げれば下げるほど，法人への所得移転効果が増すため，法個人合計の手取り金額は増加することになります。ただし，一括借上げ賃料の額が過少であるとみなされた場合は，租税回避行為に当たるとして課税庁から否認される可能性がある点に注意が必要となります。仮に，一括借上げ賃料の額が過少であると課税庁に判断をされた場合には，適正な価額を基に所得の計算を行うことになります。過去の裁決等から勘案すると，一般的には85％〜95％程度の一括借上げ賃料を設定しているケースが多いようです。契約書等を整え，実態に応じた適正な賃料を設定することが必要でしょう。

## 5　3つの方式のキャッシュフローの比較

　シミュレーション2〜4において，個人事業主の場合と3つの不動産管理会社の方式のキャッシュフローの違いをシミュレーションしました。それぞれの方式の個人に係る税額，法人に係る税額，手残り額を比較すると以下のようになります。

(単位：千円)

| | シミュレーション番号 | 個人税額 | 法人税額 | 税額合計額 | 手残り額 | 個人事業主の手残りとの増差 |
|---|---|---|---|---|---|---|
| 個人事業主 | | 6,295 | | 6,295 | 14,138 | |
| 不動産管理委託方式 | 3 | 5,802 | 162 | 5,964 | 14,419 | 281 |
| サブリース方式 | 4 | 4,670 | 683 | 5,353 | 15,031 | 893 |
| 不動産所有方式 | 2 | 614 | 3,401 | 4,015 | 16,368 | 2,230 |

　家賃収入を25,000千円とした場合の，法人が関係しない個人事業主，不動産管理委託方式，サブリース方式，不動産所有方式の４つのケースを比較すると，不動産所有方式が最も手残り額が多くなることが分かります。不動産所有方式の場合は建物の所有権が法人に移転するため，入居者からの家賃収入を全額法人に帰属させながら，役員報酬や地代等を通じて家賃収入の一部を個人にも配分することができ，法個人への所得分散効果が最も高くなるためです。したがって，家賃収入が一定額以上あり，個人の所得税率が高い場合には，不動産所有方式を選択することが，キャッシュフローの観点からは最も有利であるといえます。ただし，不動産所有方式の場合は，建物の所有権を個人から法人に移転する際に生ずる移転コストについても勘案して有利判定をする必要があります（移転コストのシミュレーションはシミュレーション１参照）。また，相続税の影響についても検証する必要があり，当該検証については本書後半の事例（シミュレーション７〜10）にてシミュレーションを行います。

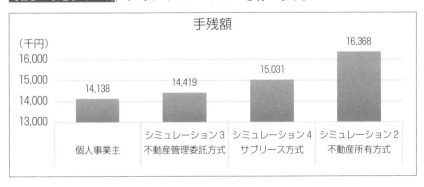

第２章　方式別のキャッシュフローの比較　　49

第 3 章

# 家賃収入による
# 法人化の損益分岐点と
# 役員報酬の支払による効果

シミュレーション**5**

# 法人化を検討すべき家賃収入の水準

**シミュレーション内容**

家賃収入額の多寡が，不動産賃貸業を個人で行う場合と法人で行う場合の税額とキャッシュフローにどのような影響を及ぼすかについてシミュレーションを行います。合わせて，法人化が有利となる課税所得額の分岐点を検証します。

　本事例では，家賃収入が少ない場合（4,000千円）と多い場合（50,000千円）の２つのパターンについて各種税額とキャッシュフローの比較シミュレーションを行います。また，どの程度の課税所得であれば法人化をした方が有利になるかについて損益分岐点の検証を行います。なお，本事例の法人化シミュレーションは，建物のみを法人に移転する「不動産所有方式」を前提として行っていきます。

## 1　家賃収入が低い（年間家賃収入が4,000千円）場合

　まず，家賃収入が少ない場合のシミュレーションを行います。ここでは，年間家賃収入を4,000千円と仮定し，下記の前提条件に従いシミュレーションを行います。

| 前提条件 | | |
|---|---|---|

（単位：千円）

| | | |
|---|---|---|
| 土地時価 | 50,000 | 個人所有 |
| 建物時価 | 8,600 | 築20年の建物を時価で個人から法人に譲渡 |
| 年間家賃収入 | 4,000 | |
| 土地　固定資産税等 | 117 | 固定資産税・都市計画税合計 |

*52*

| 建物　固定資産税等 | 132 | 固定資産税・都市計画税合計 |
|---|---|---|
| 譲渡前の減価償却費 | 2,070 | 木造、住宅用、耐用年数22年、旧定額法 |
| 譲渡後の減価償却費 | 1,436 | 中古耐用年数6年、定額法 |
| 管理料 | 200 | 外部の業者に管理を委託し家賃収入の5％を支払う |
| 修繕費 | 180 | 家賃収入の4.5％と仮定 |
| 地代 | 350 | 土地の固定資産税等の3倍の地代を個人へ支払う |
| その他諸経費 | 280 | 家賃収入の7％と仮定（法人化後は法個合計で7％と仮定） |
| 給与の支払い | なし | |
| 借入金 | なし | |

（※）社会保険料は未考慮

**【税額計算】**　　　　　　　　　　　　　　　（単位：千円）

| | 個人事業主 | 不動産所有方式 | | 備考 |
|---|---|---|---|---|
| | | 個人 | 法人 | |
| 給与所得等 | | 0 | | |
| **不動産収入** | 4,000 | 350 | 4,000 | |
| 役員報酬 | | | 0 | |
| 建物固定資産税等 | 132 | | 132 | |
| 土地固定資産税等 | 117 | 117 | | |
| 減価償却費 | 2,070 | | 1,436 | |
| 税理士報酬 | 500 | 150 | 400 | |
| 支払利息 | 0 | | 0 | 借入れは完済 |
| 管理料 | 200 | | 200 | 年間家賃収入対比5％ |
| 修繕費 | 180 | | 180 | 年間家賃収入対比4.5％ |
| 地代家賃 | | | 350 | 固定資産税等の3倍 |
| その他諸経費 | 280 | 24 | 256 | 年間収入対比7％ |
| 青色申告特別控除 | 100 | 100 | | |
| **不動産経費計** | 3,579 | 391 | 2,954 | |
| **不動産所得** | 421 | −41 | 1,046 | |
| 基礎控除 | 421 | 0 | | |

第3章　家賃収入による法人化の損益分岐点と役員報酬の支払による効果　　*53*

| 各種税額 | 項目 | | | | 備考 |
|---|---|---|---|---|---|
| | 所得合計 | 0 | −41 | −1,046 | |
| | 所得税 | 0 | 0 | | |
| | 復興税 | 0 | 0 | | |
| | 住民税 | 0 | 0 | | |
| | 事業税 | 0 | 0 | | |
| | 消費税 | 0 | 0 | | 居住用のため免税 |
| | 法人税 | | | 156 | |
| | 地方法人税 | | | 16 | |
| | 均等割 | | | 70 | |
| | 法人税割 | | | 10 | |
| | 事業税 | | | 36 | |
| | 特別法人事業税 | | | 13 | |
| | 消費税 | | | 0 | 居住用のため免税 |
| | 税額合計 | 0 | 0 | 301 | |
| 所得税・法人税額合計 | | 0 | 301 | | 法人化前後の税額差 301 |
| 実行税率 | | 0% | 28% | | |

## 【キャッシュフロー計算】

| | | 個人事業主 | 不動産所有方式 | | 備考 |
|---|---|---|---|---|---|
| | | | 個人 | 法人 | |
| CF | 給与 | | 0 | | ① 手取り額 |
| | 不動産所得 | 421 | −41 | 1,046 | ② |
| | 税額合計 | 0 | 0 | 301 | ③ |
| | 青色申告特別控除 | 100 | 100 | | ④ |
| | 減価償却費 | 2,070 | 0 | 1,436 | ⑤ |
| | 手残り額 | 2,591 | 59 | 2,181 | ①+②−③+④+⑤ |
| 個人・法人手残り額合計 | | 2,591 | 2,240 | | |

| 法人化前後の手取り差額 | −351 |
|---|---|

## ⑴　個人所有の場合

　法人が関係しない個人事業主（土地及び建物とも個人所有のまま）の場合，家賃収入は全て個人に帰属し，不動産所得に係る必要経費も全て個人負担となります。本事例の場合，個人の所得金額は赤字となり，所得税等の税額は発生しません。また，不動産による家賃収入の手残り額は2,591千円となります。

## ⑵　法人所有の場合

　不動産を法人化した場合（不動産所有方式）は，家賃収入は不動産管理会社が得ます。個人の不動産収入は不動産管理会社から支払を受ける地代350千円のみとなり，不動産法人化前と比べると，ほとんどの不動産収入が不動産管理会社に移転することになります。本事例の場合，法人化により個人の不動産所得は赤字となり，所得税等の税額も0円となります。

　一方，不動産管理会社は，課税所得金額が1,046千円（8,000千円以下）となるため，中小法人の軽減措置が適用され，法人税率は15％となります。その他の地方法人税等の税額を加算すると，法人にかかる税額の合計は301千円となります。

　所得税と法人税を合算した法人個人合計の税額は301千円，実効税率は28％となります。

## ⑶　家賃収入が4,000千円の場合の法人化の有利判定

　家賃収入が4,000千円の場合の法人化前後の税額を比較すると，法人化をしたことに伴い税額が301千円ほど増加する結果となります。また，手残りの金額は法人化後の方が351千円ほど少なくなります。これは，年間の家賃収入が4,000千円の場合は，個人事業主であれば税額が発生しないのに対し，法人化後の実効税率は28％となることが要因です。年間の家賃収入が4,000千円の場合には，キャッシュフローの観点からは，法人化をしない方が有利となることが分かります。

## 2 家賃収入が高い（年間家賃収入が50,000千円）場合

　次に，家賃収入が高い場合のシミュレーションを行います。ここでは，年間家賃収入を50,000千円と仮定し，下記の前提条件に従いシミュレーションを行います。

### 前提条件

（単位：千円）

| | | |
|---|---|---|
| 土地時価 | 415,000 | 個人所有 |
| 建物時価 | 250,660 | 築20年の建物を時価で個人から法人に譲渡 |
| 年間家賃収入 | 50,000 | |
| 土地　固定資産税等 | 968 | 固定資産税・都市計画税合計 |
| 建物　固定資産税等 | 2,331 | 固定資産税・都市計画税合計 |
| 譲渡前の減価償却費 | 8,217 | 鉄筋コンクリート造、住宅用、耐用年数47年、旧定額法 |
| 譲渡後の減価償却費 | 8,272 | 中古耐用年数31年、定額法 |
| 管理料 | 2,500 | 外部の業者に管理を委託し家賃収入の５％を支払う |
| 修繕費 | 2,250 | 家賃収入の4.5％と仮定 |
| 地代 | 2,905 | 土地の固定資産税等の３倍の地代 |
| その他諸経費 | 3,500 | 家賃収入の７％と仮定（法人化後は法個合計で７％と仮定） |
| 給与の支払い | なし | |
| 借入金 | なし | |

（※）社会保険料は未考慮

【税額計算】　　　　　　　　　　　　　　　　　（単位：千円）

| | | 個人事業主 | 不動産所有方式 | | 備考 |
|---|---|---|---|---|---|
| | | | 個人 | 法人 | |
| 給与所得等 | | | 0 | | |
| 不動産収入 | | 50,000 | 2,905 | 50,000 | |
| | 役員報酬 | | | 0 | |
| | 建物固定資産税等 | 2,331 | | 2,331 | |
| | 土地固定資産税等 | 968 | 968 | | |
| | 減価償却費 | 8,217 | | 8,272 | |
| | 税理士報酬 | 500 | 150 | 400 | |
| | 支払利息 | 0 | | 0 | 借入れは完済 |
| | 管理料 | 2,500 | | 2,500 | 年間家賃収入対比5％ |
| | 修繕費 | 2,250 | | 2,250 | 年間家賃収入対比4.5％ |
| | 地代家賃 | | | 2,905 | 固定資産税等の3倍 |
| | その他諸経費 | 3,500 | 203 | 3,297 | 年間家賃収入対比7％ |
| | 青色申告特別控除 | 650 | 100 | | |
| 不動産経費計 | | 20,916 | 1,421 | 21,955 | |
| 不動産所得 | | 29,084 | 1,484 | 28,045 | |
| | 所得控除 | 0 | 480 | | 合計所得金額2,500万円超は基礎控除なし |
| 所得合計 | | 29,084 | 1,004 | 28,045 | |

| 各種税額 | | 個人事業主 | 個人 | 法人 | 備考 |
|---|---|---|---|---|---|
| | 所得税 | 8,837 | 50 | | |
| | 復興税 | 185 | 1 | | |
| | 住民税 | 2,908 | 100 | | |
| | 事業税 | 1,341 | 0 | | |
| | 消費税 | 0 | 0 | | 居住用のため免税 |
| | 法人税 | | | 5,850 | |
| | 地方法人税 | | | 602 | |
| | 均等割 | | | 70 | |
| | 法人税割 | | | 409 | |
| | 事業税 | | | 1,875 | |
| | 特別法人事業税 | | | 693 | |
| | 消費税 | | | 0 | 居住用のため免税 |
| 税額合計 | | 13,271 | 151 | 9,499 | |
| 所得税・法人税額合計 | | 13,271 | 9,650 | | 法人化前後の税額差 △3,621 |
| 実効税率 | | 46% | 33% | | |

## 【キャッシュフロー計算】

| | | 個人事業主 | 不動産所有方式 | | 備考 |
|---|---|---|---|---|---|
| | | | 個人 | 法人 | |
| C F | 給与 | | 0 | | ① 手取り額 |
| | 不動産所得 | 29,084 | 1,484 | 28,045 | ② |
| | 税額合計 | 13,271 | 151 | 9,499 | ③ |
| | 青色申告特別控除 | 650 | 100 | | ④ |
| | 減価償却費 | 8,217 | 0 | 8,272 | ⑤ |
| 手残り額 | | 24,680 | 1,433 | 26,818 | ①＋②－③＋④＋⑤ |
| 個人・法人手残り額合計 | | 24,680 | 28,251 | | |

| 法人化前後の手取り差額 | 3,571 |
|---|---|

## (1) 個人所有の場合

　家賃収入が50,000千円の場合，個人の課税所得金額は29,084千円となります。合計所得金額が25,000千円を超えるため基礎控除額はありません。所得税率40％，住民税率10％，合計の税率は約50％となり，所得のおよそ半分に対して税金が課されることになります。税額の合計は13,271千円，実効税率は46％となります。

## (2) 法人所有の場合

　不動産を法人化（不動産所有方式）した場合は，個人の収入は不動産管理会社から受け取る固定資産税の3倍程度の地代収入2,905千円のみとなり，課税所得金額は1,004千円，所得税率5％，住民税率10％，税額合計は151千円となります。一方，不動産管理会社は所得金額が28,045千円となり，法人税等の各種税額の合計額は9,499千円となります。所得税と法人税を合算すると税額合計は9,650千円，実効税率は33％となります。

## (3) 家賃収入が50,000千円の場合の法人化の有利判定

　家賃収入が50,000千円の場合の法人化前後の税額を比較すると，法人化をしたことに伴い，年間3,621千円の節税効果が生じます。また，手残りの金額は法人化後の方が3,571千円ほど多くなります。これは，年間の家賃収入が50,000千円の場合は，個人事業主の場合の実効税率が46％であるのに対し，法人化後の実効税率が33％となることが要因です。年間の家賃収入が50,000千円の場合には，キャッシュフローの観点からは，法人化をした方が有利となることが分かります。

第3章　家賃収入による法人化の損益分岐点と役員報酬の支払による効果　*59*

# 3  2つのシミュレーションの比較

　所得税の税率は，所得が多くなるに従って段階的に高くなり，納税者がその支払能力に応じて公平に税を負担する「超過累進税率」が採用されています。不動産所得は他の所得と合算して計算を行う総合課税の対象となり，所得税の税率は，5％⇒10％⇒20％⇒23％⇒33％⇒40％⇒45％と，7段階に区分されます。また，個人は，所得税と合わせて，住民税や個人事業税を地方自治体に納めることになります。住民税は，前年の所得金額に応じて課税され，所得のおよそ10％が税率となります。所得税と住民税を合わせた個人に係る最高税率は55％となり，所得の半分以上を税金として支払う計算となります。

【所得税・住民税の速算表】

| 課税所得金額 | 所得税税率 | 控除額 | 住民税税率 |
|---|---|---|---|
| 1,000円 から 1,949,000円まで | 5％ | 0円 | 10％ |
| 1,950,000円 から 3,299,000円まで | 10％ | 97,500円 | 10％ |
| 3,300,000円 から 6,949,000円まで | 20％ | 427,500円 | 10％ |
| 6,950,000円 から 8,999,000円まで | 23％ | 636,000円 | 10％ |
| 9,000,000円 から 17,999,000円まで | 33％ | 1,536,000円 | 10％ |
| 18,000,000円 から 39,999,000円まで | 40％ | 2,796,000円 | 10％ |
| 40,000,000円 以上 | 45％ | 4,796,000円 | 10％ |

← 家賃収入
50,000千円
の場合

（※）令和19年までは上記に加え復興特別所得税が基準所得税額の2.1％
　　かかります。

　一方で，法人化に伴い不動産管理会社に課税される法人税は，一定の税率により課税がなされます。資本金の額が1億円以下である中小法人については，法人税率の軽減措置が講じられているため，年間8,000千円以下の所得については，15％の税率で課税されます。地方法人税の額は，各課税事業年度の課税標準法人税額に10.3％の税率を乗じて計算した金額とされています。上述の国税の他，都道府県や市区町村に収める法人事業税，法人住民税があります。儲けのおよそ2～3割が税金と考えるとよいでしょう。

【資本金1億円以下の法人の法人税率】

| 課税所得 | 法人税 | 地方法人税 |
|---|---|---|
| 年800万円以下 | 15.0% | 10.3% |
| 年800万円超 | 23.2% | 10.3% |

　法人化すべきか否かの判断は，所得税と法人税の税率の差に着目して行います。法人化が有利となるケースは，法人化後の実効税率が個人所有の場合に比べて低くなるケースです。家賃収入が低い場合では，超過累進税率により所得税率が低くなる個人所有が有利となり，家賃収入が高い場合では超過累進税率により税率が高くなる所得税よりも，一定の税率が課される法人税の課税所得を増やした方が有利となります。

　本事例の場合，家賃収入が少ない（4,000千円）場合は，法人化をすることにより，301千円の税額の増加が見込まれる一方，家賃収入が高い（50,000千円）場合には，法人化により3,621千円の節税効果が生じました。キャッシュフローの観点からは，個人と法人の税率差を勘案すると，家賃収入が4,000千円の場合には法人化をしない方が有利となり，家賃収入が50,000千円の場合には法人化をした方が有利となります。

# 4　損益分岐点シミュレーション

## (1)　不動産所得金額別損益分岐点

　ここからは，どの程度の課税所得がある場合に，法人化をした方が有利になるかにつきシミュレーションを行います。課税所得別の法人税と所得税の実効税率をグラフに表すと以下のとおりとなります。

〔所得の金額に応じた実効税率の推移〕

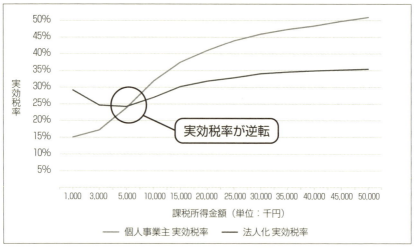

（※）法人化後は簡便的に個人の所得はないものとして試算
（※）所得税には住民税、事業税を含み、法人税には地方法人税、地方税等を含んで試算

　年間の不動産所得が6,000千円を超えると、法人化をした方が年間の税負担が低くなります。実務においては、法人化に伴う初期費用や経常コスト等も考慮する必要があるため、損益分岐点は上記のシミュレーションよりも高くなるものと考えられます（初期の移転コストについては シミュレーション1 参照）。

## (2) 他の総合課税の所得との関係

　所得税の計算上、不動産所得は他の所得と合算して計算を行う「総合課税」の対象となるため、不動産法人化を検討するに当たっては、不動産所得だけでなく、個人の他の所得についても考慮する必要があります。例えば、20,000千円の給与所得がある個人の場合、給与所得のみで所得税率が40％となるため、賃貸不動産による不動産所得がたとえ少額であったとしても、所得税率は最低で40％となり、法人化をした方が有利となります。

　他の総合課税の対象となる所得と不動産所得を合算した課税所得が6,000千

円を超えると，所得税の実効税率が法人税の実効税率を上回るため，法人化によるメリットを享受できる可能性があります。ただし，前述のとおり法人化による移転コストや税理士報酬等の経常コストを考慮すると，損益分岐点は6,000千円よりも上昇します。

なお，近年の所得税及び法人税の税率の推移は，所得税は増税，法人税は減税の傾向にあり，中小法人については，法人税率の軽減措置（年間8,000千円以下の所得について15％）等の税制上の優遇措置が設けられています。将来の税制改正による税率の変更等により，シミュレーションの結果には変動がある点にも注意が必要となります。

## シミュレーション 6

# 家族への役員報酬の支払による効果

**シミュレーション内容**

不動産管理会社から地主兼法人オーナー1人に役員報酬を支払う場合と，家族に役員報酬を支払う場合の２つのパターンについて，キャッシュフローの蓄積及び相続税の観点からシミュレーションを行います。

　建物の所有者を不動産管理会社とする「不動産所有方式」の場合，家賃収入は不動産管理会社が収受することになります。この家賃収入を原資とし，不動産管理会社から地主兼法人オーナーに給与を支払うことにより，所得分散効果を得ることができます。また，地主個人の相続財産圧縮のため，地主個人だけではなくその子供に役員報酬を支払う方法や，所得分散効果を高めるため，複数の家族に役員報酬を支給する方法も考えられます。

　本事例では，下記の２つのパターンについて，キャッシュフローの観点と相続税の観点からシミュレーションを行います。

○　オーナーのみが不動産管理会社の役員となり，オーナーに役員報酬を支払うケース
○　オーナーとその家族の合計4人を不動産管理会社の役員とし，それぞれに役員報酬を支払うケース

　なお，本事例の法人化シミュレーションは，建物のみを法人に移転する「不動産所有方式」を前提として行います。

## 1　キャッシュフローの推移と蓄積

　まず，キャッシュフローの観点からシミュレーションを行います。前提条件

は下記のとおりです。

**前提条件**

(単位：千円)

| 土地時価 | 150,000 | 個人所有 |
|---|---|---|
| 建物時価 | 90,600 | 築20年の建物を時価で個人から法人に譲渡 |
| 借入金 | 90,600 | 建物譲渡価額を金融機関より借入れ，25年で元利均等返済 |
| 年間家賃収入 | 25,000 | 4階建て居住用アパート，住戸数12戸，10年経過後は当初収入の95％，20年経過後は90％に減少すると仮定 |
| 土地　固定資産税等 | 350 | 固定資産税・都市計画税合計 |
| 建物　固定資産税等 | 869 | 固定資産税・都市計画税合計，経年に伴い減少 |
| 減価償却費 | 2,990 | 鉄筋コンクリート造，中古耐用年数31年，定額法 |
| 管理料 | 1,250 | 家賃収入の5％を支払う |
| 修繕費 | 1,125 | 家賃収入の4.5％と仮定 |
| 地代 | 1,050 | 無償返還の届出提出済，土地の固定資産税等の3倍の地代 |
| その他諸経費 | 【法人】1,700 | 家賃収入から地代を控除した額の7％と仮定，初年度は移転コスト4,500千円を加味 |
| 借入金 | 90,600 | 年利率1.5％，返済期間25年，元利均等返済 |

## (1)　オーナーのみに役員報酬を支払う場合

　まず，オーナー自身に年間8,000千円の役員報酬を支払う場合のシミュレーションを行います。

### ①法人の法人税及びキャッシュフロー

(単位：千円)

| 法人 | 不動産所有方式 | | | |
|---|---|---|---|---|
| | 1年目 | 10年目 | 20年目 | 30年目 |
| **不動産収入** | **25,000** | **25,000** | **23,750** | **22,500** |
| 役員報酬 | 8,000 | 8,000 | 8,000 | 8,000 |
| 社会保険料 | 463 | 463 | 463 | 463 |

第3章　家賃収入による法人化の損益分岐点と役員報酬の支払による効果　*65*

| | 建物固定資産税等 | 869 | 748 | 587 | 467 |
|---|---|---|---|---|---|
| | 減価償却費 | 2,990 | 2,990 | 2,990 | 2,990 |
| | 税理士報酬 | 400 | 400 | 400 | 400 |
| | 支払利息 | 1,228 | 903 | 346 | 0 |
| | 管理料 | 1,250 | 1,250 | 1,187 | 1,125 |
| | 修繕費 | 1,125 | 1,125 | 1,068 | 1,012 |
| | 地代家賃 | 1,050 | 1,050 | 1,050 | 1,050 |
| | その他諸経費 | 6,177 | 1,677 | 1,589 | 1,502 |
| | **不動産経費計** | **23,552** | **18,606** | **17,680** | **17,009** |
| | **不動産所得** | **1,448** | **6,394** | **6,070** | **5,491** |
| 各種税額 | 法人税 | 217 | 959 | 910 | 823 |
| | 地方法人税 | 22 | 98 | 93 | 84 |
| | 均等割 | 70 | 70 | 70 | 70 |
| | 法人税割 | 15 | 67 | 63 | 57 |
| | 事業税 | 51 | 267 | 250 | 219 |
| | 特別法人事業税 | 18 | 98 | 92 | 81 |
| | **税額合計** | **393** | **1,559** | **1,478** | **1,334** |

### 【キャッシュフロー計算】

| | | | | |
|---|---|---|---|---|
| 不動産所得 | 1,448 | 6,394 | 6,070 | 5,491 |
| 減価償却費 | 2,990 | 2,990 | 2,990 | 2,990 |
| 税額合計 | −393 | −1,559 | −1,478 | −1,334 |
| 借入金元本返済 | −3,010 | −3,444 | −4,002 | 0 |
| **法人CF** | **1,035** | **4,381** | **3,580** | **7,147** |
| **法人CF累計** | **1,035** | **40,631** | **76,521** | **125,996** |
| **法人税額** | **393** | **1,559** | **1,478** | **1,334** |
| **法人税額　累計** | **393** | **13,887** | **27,848** | **40,843** |

　不動産管理会社の1年目の課税所得は1,448千円，法人税額等は393千円，1年間で1,035千円のキャッシュインが生じます。30年間のキャッシュの蓄積の

累計額は125,996千円となりました。


## ② 個人の所得税及びキャッシュフロー

(単位：千円)

| 個人 | | 不動産所有方式 | | | |
|---|---|---|---|---|---|
| | | 1年目 | 10年目 | 20年目 | 30年目 |
| 給与所得等 | | 6,100 | 6,100 | 6,100 | 6,100 |
| 不動産収入 | | 1,050 | 1,050 | 1,050 | 1,050 |
| | 土地固定資産税等 | 350 | 350 | 350 | 350 |
| | 税理士報酬 | 150 | 150 | 150 | 150 |
| | その他諸経費 | 73 | 73 | 73 | 73 |
| | 青色申告特別控除 | 100 | 100 | 100 | 100 |
| | 不動産経費計 | 673 | 673 | 673 | 673 |
| 不動産所得 | | 377 | 377 | 377 | 377 |
| 社会保険料控除 | | 492 | 492 | 492 | 492 |
| 所得控除 | | 480 | 480 | 480 | 480 |
| 所得合計 | | 5,505 | 5,505 | 5,505 | 5,505 |
| 各種税額 | 所得税 | 673 | 673 | 673 | 673 |
| | 復興税 | 14 | 14 | 14 | 14 |
| | 住民税 | 550 | 550 | 550 | 550 |
| | 事業税 | 0 | 0 | 0 | 0 |
| | 消費税 | | | | |
| 税額合計 | | 1,237 | 1,237 | 1,237 | 1,237 |

**【キャッシュフロー計算】**

| 給与収入 | 8,000 | 8,000 | 8,000 | 8,000 |
|---|---|---|---|---|
| 不動産所得 | 377 | 377 | 377 | 377 |
| 税額合計 | −1,237 | −1,237 | −1,237 | −1,237 |
| 青色申告特別控除 | 100 | 100 | 100 | 100 |
| 社会保険料控除 | −492 | −492 | −492 | −492 |
| 減価償却費 | | | | |
| 個人CF | 6,748 | 6,748 | 6,748 | 6,748 |
| 個人CF累計 | 6,748 | 67,480 | 134,960 | 202,440 |
| 所得税額 | 1,237 | 1,237 | 1,237 | 1,237 |
| 所得税額　累計 | 1,237 | 12,370 | 24,740 | 37,110 |

**【個人・法人合計のキャッシュフロー】**

| 個人・法人合計CF | 7,784 | 11,129 | 10,329 | 13,895 |
|---|---|---|---|---|
| 個人・法人合計CF累計 | 7,784 | 108,111 | 211,481 | 328,436 |
| 合計税額 | 1,630 | 2,796 | 2,715 | 2,571 |
| 合計税額累計 | 1,630 | 26,257 | 52,588 | 77,953 |

　地主兼法人オーナー個人の給与所得と不動産所得を合算した課税所得は5,505千円，所得税額は1,237千円となります。1年間で6,748千円のキャッシュインが生じ，30年間のキャッシュの蓄積の累計額は202,440千円となります。

　個人と不動産管理会社を合算した，30年間のキャッシュの蓄積の累計額は328,436千円となります。

## (2)　家族を含めた4人に役員報酬を支払う場合

　次に，オーナー，オーナーの配偶者，子供2人の合計4人にそれぞれ年間2,000千円，合計で8,000千円の役員報酬を支払う場合のキャッシュフローのシミュレーションを行います。

68

## ①法人の法人税及びキャッシュフロー

(単位：千円)

| 法人 | | 不動産所有方式 | | | |
|---|---|---|---|---|---|
| | | 1年目 | 10年目 | 20年目 | 30年目 |
| **不動産収入** | | 25,000 | 25,000 | 23,750 | 22,500 |
| | 役員報酬 | 8,000 | 8,000 | 8,000 | 8,000 |
| | 社会保険料 | 431 | 431 | 431 | 431 |
| | 建物固定資産税等 | 869 | 748 | 587 | 467 |
| | 減価償却費 | 2,990 | 2,990 | 2,990 | 2,990 |
| | 税理士報酬 | 400 | 400 | 400 | 400 |
| | 支払利息 | 1,228 | 903 | 346 | 0 |
| | 管理料 | 1,250 | 1,250 | 1,187 | 1,125 |
| | 修繕費 | 1,125 | 1,125 | 1,068 | 1,012 |
| | 地代家賃 | 1,050 | 1,050 | 1,050 | 1,050 |
| | その他諸経費 | 6,177 | 1,677 | 1,590 | 1,502 |
| **不動産経費計** | | 23,520 | 18,574 | 17,649 | 16,977 |
| **不動産所得** | | 1,480 | 6,426 | 6,101 | 5,523 |
| 各種税額 | 法人税 | 222 | 963 | 915 | 828 |
| | 地方法人税 | 22 | 99 | 94 | 85 |
| | 均等割 | 70 | 70 | 70 | 70 |
| | 法人税割 | 15 | 67 | 64 | 57 |
| | 事業税 | 52 | 269 | 251 | 221 |
| | 特別法人事業税 | 19 | 99 | 93 | 81 |
| **税額合計** | | 400 | 1,567 | 1,487 | 1,342 |

第3章　家賃収入による法人化の損益分岐点と役員報酬の支払による効果　*69*

## 【キャッシュフロー計算】

| | | | | |
|---|---|---|---|---|
| 不動産所得 | 1,480 | 6,426 | 6,102 | 5,523 |
| 減価償却費 | 2,990 | 2,990 | 2,990 | 2,990 |
| 税額合計 | −400 | −1,567 | −1,487 | −1,342 |
| 借入金元本返済 | −3,010 | −3,444 | −4,002 | 0 |
| 法人CF | 1,060 | 4,405 | 3,603 | 7,171 |
| 法人CF累計 | 1,060 | 40,873 | 77,005 | 126,727 |
| 法人税額 | 400 | 1,567 | 1,487 | 1,342 |
| 法人税額　累計 | 400 | 13,964 | 28,003 | 41,072 |

　法人の課税所得は1年目で1,480千円，法人税等は400千円，30年間のキャッシュの蓄積の累計額は126,727千円となります。役員報酬金額の総額はオーナー1人のみに8,000千円を支払う場合と同額となるため，不動産管理会社サイドのキャッシュフローは(1)と(2)で大きな差は生じません。

## ②　個人の所得税及びキャッシュフロー

### 【オーナー】
(単位：千円)

| | | 不動産所有方式 | | | |
|---|---|---|---|---|---|
| | | 1年目 | 10年目 | 20年目 | 30年目 |
| 給与所得等 | | 1,320 | 1,320 | 1,320 | 1,320 |
| 不動産収入 | | 1,050 | 1,050 | 1,050 | 1,050 |
| | 土地固定資産税等 | 350 | 350 | 350 | 350 |
| | 税理士報酬 | 150 | 150 | 150 | 150 |
| | その他諸経費 | 73 | 73 | 73 | 73 |
| | 青色申告特別控除 | 100 | 100 | 100 | 100 |
| 不動産経費計 | | 673 | 673 | 673 | 673 |
| 不動産所得 | | 377 | 377 | 377 | 377 |
| 社会保険料控除 | | 123 | 123 | 123 | 123 |
| 所得控除 | | 480 | 480 | 480 | 480 |

70

| | 所得合計 | 1,094 | 1,094 | 1,094 | 1,094 |
|---|---|---|---|---|---|
| 各種税額 | 所得税 | 55 | 55 | 55 | 55 |
| | 復興税 | 1 | 1 | 1 | 1 |
| | 住民税 | 109 | 109 | 109 | 109 |
| | 事業税 | 0 | 0 | 0 | 0 |
| | 消費税 | | | | |
| | 税額合計 | 165 | 165 | 165 | 165 |

**【配偶者】** (単位：千円)

| | | 不動産所有方式 | | | |
|---|---|---|---|---|---|
| | | 1年目 | 10年目 | 20年目 | 30年目 |
| 給与所得等 | | 1,320 | 1,320 | 1,320 | 1,320 |
| | 社会保険料控除 | 123 | 123 | 123 | 123 |
| | 所得控除 | 480 | 480 | 480 | 480 |
| | 所得合計 | 717 | 717 | 717 | 717 |
| 各種税額 | 所得税 | 36 | 36 | 36 | 36 |
| | 復興税 | 0 | 0 | 0 | 0 |
| | 住民税 | 71 | 71 | 71 | 71 |
| | 税額合計 | 107 | 107 | 107 | 107 |

**【子供（1人当たり）】** (単位：千円)

| | | 不動産所有方式 | | | |
|---|---|---|---|---|---|
| | | 1年目 | 10年目 | 20年目 | 30年目 |
| 給与所得等 | | 1,320 | 1,320 | 1,320 | 1,320 |
| | 社会保険料控除 | 107 | 107 | 107 | 107 |
| | 所得控除 | 480 | 480 | 480 | 480 |
| | 所得合計 | 733 | 733 | 733 | 733 |

| 各種税額 | | 1年目 | 10年目 | 20年目 | 30年目 |
|---|---|---|---|---|---|
| | 所得税 | 37 | 37 | 37 | 37 |
| | 復興税 | 0 | 0 | 0 | 0 |
| | 住民税 | 73 | 73 | 73 | 73 |
| 税額合計 | | 110 | 110 | 110 | 110 |

## 【家族4人合計のキャッシュフロー】

| | 1年目 | 10年目 | 20年目 | 30年目 |
|---|---|---|---|---|
| 給与 | 8,000 | 8,000 | 8,000 | 8,000 |
| 不動産所得 | 377 | 377 | 377 | 377 |
| 税額合計 | −491 | −491 | −491 | −491 |
| 青色申告特別控除 | 100 | 100 | 100 | 100 |
| 社会保険料控除 | −460 | −460 | −460 | −460 |
| 減価償却費 | 0 | 0 | 0 | 0 |
| CF　4名合計 | 7,526 | 7,526 | 7,526 | 7,526 |
| CF　4名合計　累計 | 7,526 | 75,262 | 150,523 | 225,785 |
| | | | | |
| 所得税　4名合計 | 491 | 491 | 491 | 491 |
| 所得税　4名合計　累計 | 491 | 4,909 | 9,817 | 14,726 |

## 【個人・法人合計のキャッシュフロー】

| | 1年目 | 10年目 | 20年目 | 30年目 |
|---|---|---|---|---|
| 個人・法人合計CF | 8,586 | 11,931 | 11,129 | 14,697 |
| 個人・法人合計CF　累計 | 8,586 | 116,135 | 227,528 | 352,512 |
| | | | | |
| 所得税・法人税合計 | 891 | 2,058 | 1,978 | 1,833 |
| 所得税・法人税合計　累計 | 891 | 18,873 | 37,820 | 55,798 |

　家族4人に給与を支払う場合の，個人の課税所得はオーナー個人が1,094千円，配偶者は717千円，子供2人はそれぞれ733千円となり，所得税率は4人とも5％です。4人合計のキャッシュインは年間7,526千円となり，30年間のキャッシュの蓄積の累計額は225,785千円となります。

## ⑶ オーナー1人に役員報酬を支払う場合と家族4人に役員報酬を支払う場合の比較

### ① 給与所得控除額

　不動産賃貸業を個人で行う場合，家賃収入から必要経費を差し引いた金額が不動産所得となり，この金額に税率を乗じて所得税額の計算を行います。一方，法人化をして，家賃収入の一部を役員報酬という形で個人に支払う場合，個人の所得税の計算上，役員報酬は給与所得に該当します。給与所得は所得税の計算上，概算経費となる「給与所得控除」が認められています。給与所得控除額を給与収入から差し引くことで課税所得の圧縮効果が生じます。給与所得控除を各人の所得計算において差し引くことができる点が，家族へ役員報酬を支払うことによる課税上の効果となります。

**【給与所得の速算表】**

| 給与等の収入金額 | | 給与所得控除額 |
|---|---|---|
| | 1,625,000円まで | 550,000円 |
| 1,625,001円から | 1,800,000円まで | 収入金額×40%－100,000円 |
| 1,800,001円から | 3,600,000円まで | 収入金額×30%＋80,000円 |
| 3,600,001円から | 6,600,000円まで | 収入金額×20%＋440,000円 |
| 6,600,001円から | 8,500,000円まで | 収入金額×10%＋1,100,000円 |
| 8,500,001円以上 | | 1,950,000円（上限） |

> 収入金額×30%＋80,000円 ← 家族4人に給与を支払う場合

> 収入金額×10%＋1,100,000円 ← オーナー1人に給与を支払う場合

　本事例の場合，オーナー1人に役員報酬を支払う場合，オーナーの給与所得控除額は，8,000千円×10%＋1,100千円＝1,900千円となるのに対し，家族に役員報酬を支払う場合の給与所得控除は1人当たり2,000千円×30%＋80千円＝680千円，4人の合計で2,720千円となります。役員報酬を家族に分散することで，年間820千円の給与所得が圧縮される結果となります。

### ② 所得税率

　家族に所得を分散することによるもう1つの効果は「所得税率」です。所得

第3章　家賃収入による法人化の損益分岐点と役員報酬の支払による効果　　**73**

税の税率は，所得が増えるほど税率が高くなる「超過累進税率」を採用しています。オーナー1人に8,000千円の役員報酬を支払う場合，給与所得控除後の課税所得は5,505千円となるため，速算表上の税率が20%となるのに対し，家族4人に役員報酬を支払う場合，オーナーの課税所得は給与所得と不動産所得を合算して1,094千円，オーナーの配偶者は717千円，子供2人はそれぞれ733千円となり，所得税率は4人ともに5％となります。この所得税の税率差がキャッシュフローの蓄積に大きな差額を生むことになります。

**【所得税の速算表】**

| 課税される所得金額（千円未満切捨て） | | 税率 | 控除額 | |
|---|---|---|---|---|
| 1千円以上　　1,950千円未満 | | 5％ | 0円 | ← 家族4人に分散した場合 |
| 1,950千円以上　3,300千円未満 | | 10% | 97,500円 | |
| 3,300千円以上　6,950千円未満 | | 20% | 427,500円 | ← オーナー1人に支払った場合 |
| 6,950千円以上　9,000千円未満 | | 23% | 636,000円 | |
| 9,000千円以上　18,000千円未満 | | 33% | 1,536,000円 | |
| 18,000千円以上　40,000千円未満 | | 40% | 2,796,000円 | |
| 40,000千円以上 | | 45% | 4,796,000円 | |

給与所得控除額と所得税率の差により，オーナー1人に給与を支払う場合と家族4人に給与を支払う場合とで，30年間の法人個人合計のキャッシュの蓄積の差額は24,076千円となりました。

| 役員報酬の支払先 | オーナーのみの場合 | 家族に分散する場合 |
|---|---|---|
| 累積キャッシュフロー | 328,436千円 | 352,512千円 |

# 2　相続税額の推移

ここからは，オーナーのみに役員報酬を8,000千円支払う場合と，家族も含めた4人に役員報酬を合計8,000千円支払う場合の相続税額への影響を検証していきます。相続税額の試算の前提は以下のとおりです。

74

|  | | 前提条件 |
|---|---|---|

（単位：千円）

| 現預金 | 100,000 | 相続税の試算上，1年目に個人が所有する現預金 |
|---|---|---|
| 法定相続人 | 3人 | 相続人は配偶者と子2人 |
| 生活費 | 3,600 | 生活費等として年間3,600千円を費消すると仮定 |
| 出資金額 | 1,000 | 不動産管理会社設立時のオーナーの出資金額 |
| 土地の相続税評価額 | 96,000 | 相続税評価額：土地の時価150,000千円×80％＝120,000千円<br>貸宅地評価：120,000千円×80％＝96,000千円<br>（無償返還の届出あり） |
| 小規模宅地等の特例 | 適用あり | 貸付事業用宅地等の適用ありと仮定し50％減額 |
| 非上場株式 | ― | 1～3年目……開業後3年未満の特定の評価会社として「純資産価額」で評価<br>4年目以降……会社規模：小会社，類似業種目：不動産管理業として「類似業種比準価額×0.5＋純資産価額×0.5」で評価<br>（※）詳しい評価方法は シミュレーション7 を参照 |
| 相続財産の取得割合 | 法定相続分 | 法定相続分に従い財産を取得と仮定，配偶者の税額軽減を適用 |

## (1) オーナーのみに役員報酬を支払う場合

　まずは，オーナーのみに役員報酬を8,000千円支払う場合の相続税額を試算します。1年目，10年目，20年目，30年目にそれぞれ相続が発生したと仮定してシミュレーションを行います。

　オーナーに支払われる役員報酬は，オーナー個人の現預金として蓄積されていきます。そのため，役員報酬が支払われる年数が増えるほど，現預金（＝相続財産）は増加します。本事例の場合，法人化をしてから30年後に相続が発生した際の相続税の総額は34,527千円となります。

第3章　家賃収入による法人化の損益分岐点と役員報酬の支払による効果　　**75**

|  | 不動産所有方式 | | | |
|---|---|---|---|---|
|  | 1年目 | 10年目 | 20年目 | 30年目 |
| 現預金 | 100,000 | 100,000 | 100,000 | 100,000 |
| 事業開始後　獲得CF | 6,748 | 67,480 | 134,960 | 202,440 |
| 生活費等　年間費消CF | −3,600 | −36,000 | −72,000 | −108,000 |
| 出資金額 | −1,000 |  |  |  |
| 土地 | 96,000 | 96,000 | 96,000 | 96,000 |
| 小規模宅地の特例 | −48,000 | −48,000 | −48,000 | −48,000 |
| 建物 | 0 | 0 | 0 | 0 |
| 有価証券（非上場株式） | 14,523 | 23,638 | 59,412 | 91,432 |
| 純資産価額 | 164,671 | 203,118 | 270,372 | 333,872 |
| 基礎控除 | −48,000 | −48,000 | −48,000 | −48,000 |
| 課税遺産総額 | 116,671 | 155,118 | 222,372 | 285,872 |
| 相続税の総額 | 9,125 | 13,889 | 23,415 | 34,527 |

## (2)　家族を含めた4人に役員報酬を支払う場合

　次に，オーナー，配偶者，子供2人の合計4人にそれぞれ2,000千円，合計で年間8,000千円の役員報酬を支払う場合の相続税額を検討します。1年目，10年目，20年目，30年目にそれぞれ相続が発生したと仮定してシミュレーションを行っていきます。

　家族にも役員報酬を支払う場合，オーナーの相続財産として蓄積される現預金は年間2,189千円となります。家族へ支払われた役員報酬はオーナーの相続財産にはならず，相続財産の増加を抑制する効果が生じます。本事例の場合，法人化をしてから30年後に相続が発生した際の相続税の総額は13,196千円となります。なお，相続財産の評価方法や，相続税額の算出方法については，第4章で詳しく解説を行います。

| | 不動産所有方式 | | | |
|---|---|---|---|---|
| | 1年目 | 10年目 | 20年目 | 30年目 |
| 現預金 | 100,000 | 100,000 | 100,000 | 100,000 |
| 　事業開始後　獲得CF | 2,189 | 21,893 | 43,786 | 65,679 |
| 　生活費等　年間費消CF | −3,600 | −36,000 | −72,000 | −108,000 |
| 　出資金額 | −1,000 | | | |
| 土地 | 96,000 | 96,000 | 96,000 | 96,000 |
| 　小規模宅地の特例 | −48,000 | −48,000 | −48,000 | −48,000 |
| 建物 | 0 | 0 | 0 | 0 |
| 有価証券（非上場株式） | 14,548 | 23,814 | 59,727 | 91,889 |
| **純資産価額** | **160,137** | **157,707** | **179,513** | **197,568** |
| 基礎控除 | −48,000 | −48,000 | −48,000 | −48,000 |
| 課税遺産総額 | 112,137 | 109,707 | 131,513 | 149,568 |
| 相続税の総額 | **8,615** | **8,342** | **10,939** | **13,196** |

## (3)　オーナー1人に役員報酬を支払う場合と家族4人に役員報酬を支払う場合の比較

　相続税額を抑えるためには，オーナーの相続財産を減らすことが有効です。オーナー1人に役員報酬を支払う場合は，役員報酬の全額がオーナーの現預金として蓄積され，相続財産の増加に繋がります。一方，家族を不動産管理会社の役員とし，役員報酬を家族に分散して支払うと，オーナーの財産の増加を抑制する効果が生じます。本事例の場合，オーナーの配偶者，子供2人に各2,000千円ずつ役員報酬を支払うことにより，年間6,000千円の収入が家族に分散され，オーナーの相続財産の増加を抑える効果が生じました。

　結果として，オーナー1人に役員報酬を支払う場合は，30年経過後の相続税の総額は34,527千円となるのに対し，本人の他，家族に分散して役員報酬を支払う場合の相続税の総額は13,196千円となり，21,331千円の相続税額の減少となりました。

## 3 まとめ

　役員報酬をオーナーのみに支払う場合と家族にも分散する場合のシミュレーションを行った結果，法人化から30年経過時点の所得税・法人税の総額及び相続税は以下の結果となりました。

| 役員報酬の支払先 | オーナーのみの場合 | 家族に分散する場合 | 差額 |
|---|---|---|---|
| 所得税・法人税累計 | 77,953千円 | 55,798千円 | △22,155千円 |
| 相続税額 | 34,527千円 | 13,196千円 | △21,331千円 |

　シミュレーションの結果，役員報酬を家族に分散させることで，所得税・法人税に22,155千円ほど，相続税に21,331千円ほどの節税効果が生じていることが分かります。

## 4 役員報酬の支払における留意点

　不動産管理会社から家族に役員報酬を支払うことで，所得税・法人税及び相続税において節税効果が生ずることが分かりました。ただし，役員報酬の支払いに当たってはいくつかの留意すべき点があります。

### (1) 役員報酬額の妥当性の検討

　家族を不動産管理会社の役員とする場合，最も留意すべき点は，その家族の職務の内容に対して支給する役員報酬の額が適切であるかという点です。職務を遂行していないにもかかわらず，役員報酬を支給している場合には，実態に見合わない役員報酬として，相当と認められる金額を超える部分の金額は課税庁から否認され，損金に算入することができなくなる可能性があります。支給する役員報酬の額が過大かの判断基準について，明確に定められた規定は存在しませんが，法人税法施行令70条「過大な役員給与の額」においては，役員の

職務の内容，法人の収益，従業員への給与の支給の状況，規模の類似する同業他社の役員報酬の支給状況等に照らして，職務に対する対価として適正であるか否かを判断すべきとされています。

　国税不服審判所に対して行われた審査請求に係る平成20年11月14日裁決では，代表者の配偶者に対する役員報酬金額の妥当性が争われ，配偶者の職務内容及び類似法人の非常勤役員に対する報酬の支給状況等を勘案の上，1か月のうち2〜3日の職務従事しかない配偶者への報酬としては高額であるとして，役員報酬額が否認されています。役員報酬の支給に当たっては，実態に見合う役員報酬額であるかについての検討が重要となります。

## (2)　資金繰りの観点

　不動産管理会社が建物を取得する資金を金融機関等から借り入れる場合があります。当該借入れの返済原資は，原則として家賃収入から充当することになります。役員報酬額の設定に当たっては，借入の返済や将来の修繕費等も含め，不動産管理会社のキャッシュフローが余裕を持って回るかにつき十分な検討を行い，支給額の決定を行うことが重要となります。

## (3)　利益の観点

　不動産管理会社が支払う役員報酬は損金に算入され，法人税を減少させる効果が生じます。ただし，定期同額給与として損金に算入をするためには，原則として，報酬額を毎月同額とする必要があります。不動産賃貸業の収支は比較的安定しているため，どの程度の利益が年間で発生する見込みか各事業年度開始時に検討を行った上で，各事業年度の役員報酬金額の決定をする必要があるでしょう。

## (4)　役員の他の所得も含めた判断

　不動産管理会社から受ける役員報酬は，当該役員の他の所得と合算され，所得税の計算が行われます。そのため，役員が役員報酬以外に多額の所得を有し

ている場合には，役員報酬の支給によりかえって所得税の負担が重くなる可能性があります。

第 **4** 章

# 各方式と相続税の推移

シミュレーション**7**

# 法人化をしない場合のキャッシュフローと相続税の推移

**シミュレーション内容**

「法人化」をした場合との比較のため，法人化をせずに「個人」が借入金を元手に賃貸用建物を取得し，個人事業主として不動産賃貸業を行う場合のキャッシュフローの推移と相続税の推移をシミュレーションします。

賃貸用不動産の管理運用方法は，一般的に以下の4つの方法が考えられます。

①個人が「個人事業主」として不動産賃貸業を行う→シミュレーション7
②不動産管理会社に管理料を支払う「不動産管理委託方式」
　→シミュレーション8
③不動産管理会社へ転貸する「サブリース方式」→シミュレーション9
④建物を法人が所有する「不動産所有方式」→シミュレーション10

　本事例では，①個人が金融機関からの借入金を元手に賃貸用建物を取得し，個人事業主として不動産賃貸業を行う場合の所有期間中の税金及びキャッシュフローのシミュレーションと，相続税のシミュレーションを行います。

　なお，②「不動産管理委託方式」についてはシミュレーション8で，③「サブリース方式」についてはシミュレーション9で，④「不動産所有方式」についてはシミュレーション10でそれぞれシミュレーションを行います。

## 1　個人が不動産事業を行う場合の所有期間中のキャッシュフローのシミュレーション

　本シミュレーションの前提条件は以下のとおりです。個人が金融機関からの借入金を元手に賃貸用建物を建築し，不動産賃貸業を開始します。

82

| | | | 前提条件 |
|---|---|---|---|

(単位：千円)

| 土地時価 | 150,000 | 元々個人が所有していた土地 |
|---|---|---|
| 建物時価 | 150,000 | 新築，4階建て居住用アパート，住戸数12戸 |
| 年間家賃収入 | 18,000 | 経年により11～20年目は当初家賃収入の95％，21～30年目は90％に減少すると仮定 |
| 土地　固定資産税等 | 350 | 固定資産税・都市計画税合計 |
| 建物　固定資産税等 | 1,530 | 固定資産税・都市計画税合計，初年度を基準年度とし経年による税額の減少を反映 |
| 減価償却費 | 3,300 | 鉄筋コンクリート造，住宅用，耐用年数47年，定額法 |
| 税理士報酬 | 500 | 確定申告報酬 |
| 管理料 | 900 | 家賃収入の5％を外部の業者に支払う |
| 修繕費 | 810 | 家賃収入の4.5％と仮定 |
| 地代 | 0 | 土地建物共に個人所有のため地代は生じない |
| その他諸経費 | 1,260 | 家賃収入の7％と仮定 |
| 初期投資費用 | 9,000 | 初年度は初期投資費用として物件価額の6％を加算 |
| 借入金 | 159,000 | 年利率1.5％，返済期間30年，元利均等返済 |

（※）社会保険料は未考慮とする。

## (1) キャッシュフローと税負担の推移

　まずは，賃貸不動産新築時から30年経過時までの，各年の個人の所得税及びキャッシュフローのシミュレーションを行います。

第4章　各方式と相続税の推移　*83*

## ① 初年度〜5年目のキャッシュフロー

（単位：千円）

| 個人 | | 個人事業主 | | | | |
|---|---|---|---|---|---|---|
| | | 初年度 | 2年目 | 3年目 | 4年目 | 5年目 |
| | 不動産収入 | 18,000 | 18,000 | 18,000 | 18,000 | 18,000 |
| | 建物固定資産税等 | 1,530 | 1,530 | 1,530 | 1,071 | 1,071 |
| | 土地固定資産税等 | 350 | 350 | 350 | 350 | 350 |
| | 減価償却費 | 3,300 | 3,300 | 3,300 | 3,300 | 3,300 |
| | 税理士報酬 | 500 | 500 | 500 | 500 | 500 |
| | 支払利息 | 2,164 | 2,292 | 2,227 | 2,161 | 2,095 |
| | 管理料 | 900 | 900 | 900 | 900 | 900 |
| | 修繕費 | 810 | 810 | 810 | 810 | 810 |
| | その他諸経費 | 10,260 | 1,260 | 1,260 | 1,260 | 1,260 |
| | 青色申告特別控除 | 650 | 650 | 650 | 650 | 650 |
| | 不動産経費計 | 20,464 | 11,592 | 11,527 | 11,002 | 10,936 |
| | 不動産所得 | −2,464 | 6,408 | 6,473 | 6,998 | 7,064 |
| | 所得控除 | 480 | 480 | 480 | 480 | 480 |
| | 所得合計 | 0 | 5,928 | 5,993 | 6,518 | 6,584 |
| | 純損失の繰越額 | 0 | 2,464 | 0 | 0 | 0 |
| | 純損失の繰越控除額 | −2,464 | 0 | 0 | 0 | 0 |
| 税額 | 所得税 | 0 | 265 | 771 | 876 | 889 |
| | 復興税 | 0 | 5 | 16 | 18 | 18 |
| | 住民税 | 0 | 346 | 599 | 651 | 658 |
| | 事業税 | 0 | 84 | 211 | 237 | 240 |
| | 税額合計 | 0 | 700 | 1,597 | 1,782 | 1,805 |
| | 個人+法人税額合計 | 0 | 700 | 1,597 | 1,782 | 1,805 |

| | 初年度 | 2年目 | 3年目 | 4年目 | 5年目 |
|---|---|---|---|---|---|
| 借入金返済元本 | 4,229 | 4,293 | 4,358 | 4,423 | 4,490 |

| | 初年度 | 2年目 | 3年目 | 4年目 | 5年目 |
|---|---|---|---|---|---|
| CF | 6,257 | 5,365 | 4,468 | 4,742 | 4,719 |

| | | | | | |
|---|---|---|---|---|---|
| CF累計 | 6,257 | 11,622 | 16,090 | 20,832 | 25,551 |

建物を新しく建築する際には，建築費用の他に，建物の不動産取得税，抵当権設定登記費用，請負契約書や金銭消費貸借契約書に係る印紙代等の初期投資費用が多くかかることから，事業開始年度の不動産所得は赤字が見込まれます。所得税法では不動産所得の損失は給与所得等と通算した後，翌年以降3年間にわたって繰り越すことができます（所法70）。

本シミュレーションでは1年目に建築費用の6％の初期投資費用（9,000千円）が発生するため，1年目は赤字となり所得税等の納税は発生しません。2年目は初年度から繰り越された純損失が2年目の所得から控除される（所法69）ため所得税の負担が減少します。

なお，本事例のように，建物の建設費に初期投資費用を加えて借入れを行う場合は，自己資金からの初期投資費用の持ち出しがなくなります。結果的に，1年目は赤字による税金の負担が生じない分，2年目以降よりも1年目の方がキャッシュフローはプラスとなります。

### ② 10年目～30年目までのキャッシュフロー

（単位：千円）

| 個人 | | 個人事業主 | | | | |
|---|---|---|---|---|---|---|
| | | 10年目 | 15年目 | 20年目 | 25年目 | 30年目 |
| 不動産収入 | | 18,000 | 17,100 | 17,100 | 16,200 | 16,200 |
| | 建物固定資産税等 | 990 | 950 | 870 | 789 | 749 |
| | 土地固定資産税等 | 350 | 350 | 350 | 350 | 350 |
| | 減価償却費 | 3,300 | 3,300 | 3,300 | 3,300 | 3,300 |
| | 税理士報酬 | 500 | 500 | 500 | 500 | 500 |
| | 支払利息 | 1,745 | 1,368 | 962 | 525 | 53 |
| | 管理料 | 900 | 855 | 855 | 810 | 810 |
| | 修繕費 | 810 | 770 | 770 | 729 | 729 |

第4章　各方式と相続税の推移　　*85*

| | | | | | | |
|---|---|---|---|---|---|---|
| | その他諸経費 | 1,260 | 1,197 | 1,197 | 1,134 | 1,134 |
| | 青色申告特別控除 | 650 | 650 | 650 | 650 | 650 |
| | 不動産経費計 | 10,506 | 9,940 | 9,453 | 8,787 | 8,275 |
| | 不動産所得 | 7,494 | 7,160 | 7,647 | 7,413 | 7,925 |
| | 所得控除 | 480 | 480 | 480 | 480 | 480 |
| | 所得合計 | 7,014 | 6,680 | 7,167 | 6,933 | 7,445 |
| | 純損失の繰越額 | 0 | 0 | 0 | 0 | 0 |
| | 純損失の繰越控除額 | 0 | 0 | 0 | 0 | 0 |
| 税額 | 所得税 | 977 | 908 | 1,012 | 959 | 1,076 |
| | 復興税 | 20 | 19 | 21 | 20 | 22 |
| | 住民税 | 701 | 667 | 716 | 693 | 744 |
| | 事業税 | 262 | 245 | 269 | 258 | 283 |
| | 税額合計 | 1,960 | 1,839 | 2,018 | 1,930 | 2,125 |
| | 個人+法人税額合計 | 1,960 | 1,839 | 2,018 | 1,930 | 2,125 |

| | | | | | |
|---|---|---|---|---|---|
| 借入金返済元本 | 4,840 | 5,216 | 5,622 | 6,060 | 6,532 |

| | | | | | |
|---|---|---|---|---|---|
| CF | 4,644 | 4,054 | 3,956 | 3,373 | 3,218 |
| CF累計 | 48,902 | 69,390 | 89,405 | 106,458 | 122,866 |

　10年目以降のシミュレーションでは，建物の経年劣化による影響をキャッシュフローに反映しています。一般的に，築年数の経過と共に家賃収入は減少する傾向にあるため，本シミュレーションにおいても，11年目以降の年間賃料収入は当初の賃料収入の95％に，21年目以降は90％に減少するものと想定しています。また経年により建物の固定資産税等の経費が減少していきますが，経費の減少は不動産所得の増加，税負担の増加に繋がります。また，借入れの返済を「元利均等返済」により行う場合は，借入年数の経過に伴い支払利息の額が減少し，不動産所得の増加，税負担の増加の原因となります。これらの要因により，11年目以降は，キャッシュフローが少しずつ悪化していきます。本シミュレーションにおいてキャッシュフローが大きく改善するのは借入金を完済

した31年目以降となります。

　また，本シミュレーションでは，簡便的に建築費の全額を「建物」として資産計上し，47年にわたり減価償却を行う前提としていますが，実際に賃貸アパートを新築する場合は，資産分解を行い，「建物」の他に，「建物附属設備」，「構築物」等に分けて資産に計上をすることになります。建物付属設備については概ね15年にわたり減価償却を行うケースが多く，事業開始後15年間は減価償却費が多くなることにより税負担が抑えられます。一方，建物附属設備の減価償却が終わる16年目以降は，不動産所得が増加して税負担が増え，キャッシュフローが悪化するケースもあるため注意が必要です。

　なお，本書では，簡便的に修繕費を収入比4.5％に据え置いてシミュレーションを行っていますが，一般的には経年とともに修繕費は増加する傾向にある点にご注意ください。また，20年経過前後から経年劣化による大規模修繕の検討の必要性が出てくるため，実務においては，将来の大規模修繕についても考慮して資金繰りの検討を行う必要があります。

## 2　個人が不動産事業を行う場合の相続財産額と相続税額の推移

　ここまでは，個人が金融機関からの借入金を元手に賃貸用建物を取得し，不動産賃貸業を個人事業主として行う場合の，所有期間中の税金及びキャッシュフローのシミュレーションを行いました。ここからは，不動産賃貸業を行う個人事業主に相続が発生した場合の相続税のシミュレーションを行います。

### (1)　相続税の計算方法

　まずは，相続税の算出方法について解説を行います。始めに，取得財産の価額と相続時精算課税の適用を受けた贈与財産の価額から債務及び葬式費用を控除した金額に，7年以内の生前贈与財産の価額を加算して課税価格の合計額を算出します。

第4章　各方式と相続税の推移　　*87*

次に，課税価格の合計額から遺産に係る基礎控除額を差し引いた課税遺産総額に基づいて，相続税の総額を計算します。課税遺産総額を各法定相続人の法定相続分で按分した金額に相続税率を乗じて算出した金額を合計したものが相続税の総額となります。

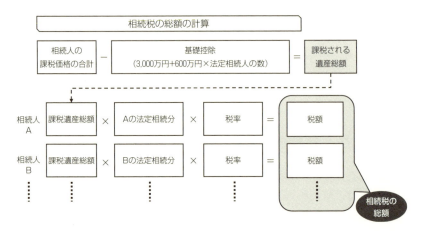

各相続人等の実際の取得財産の割合に応じて相続税の総額を按分し，各相続人等の負担する税額を計算します。そして，そこから各種軽減額や諸控除額を差し引き，各相続人等の納付すべき税額を計算することになります。

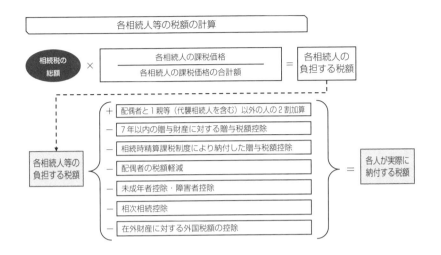

## (2) 建物の相続税評価の計算方法

ここからは，それぞれの財産の相続税評価額の算出方法について解説を行います。

建物の「相続税評価額」は固定資産税評価額を用い，建築価格のおよそ60～70％程度の価額となることが一般的です。本シミュレーションでは，建物の固定資産税評価額を建築価格の60％（150,000千円×60％＝90,000千円）としています。不動産賃貸業を行っている場合は，建物は「貸家」として評価するため，自用家屋の相続税評価額から更に借家権割合30％を控除し，貸家の相続税評価額は63,000千円まで圧縮されます。

## (3) 土地の相続税評価の計算方法

本事例の土地の時価は150,000千円ですが，相続税評価額に用いる路線価は時価のおよそ80％程度（120,000千円）となります。賃貸用建物の敷地の用に

供されている「貸家建付地」は，更に下記の算式により評価を行い98,400千円の評価となります。

（※）借地権割合は60％の地域と仮定

また，貸家建付地については，一定の要件を充足すれば，小規模宅地の特例の適用により「貸付事業用宅地等」として，200㎡を限度として評価額を50％減額することができます（措法69の4）。本事例の場合，相続税の課税価格に算入される金額は49,200千円となります。

なお，本事例では賃貸用建物の戸数が12戸と，事業的規模（いわゆる5棟10室基準）で貸付けを行うことを前提としているため，賃貸を開始してすぐに相続が開始しても小規模宅地の特例の適用を受けることができますが，不動産の貸付規模が事業的規模でない場合は，貸付開始から3年間は小規模宅地の特例の適用ができないため注意が必要です。

結論として，不動産の評価は下図のとおりとなり，時価3億円の土地建物が，相続税評価額では112,200千円まで減額されることになります。

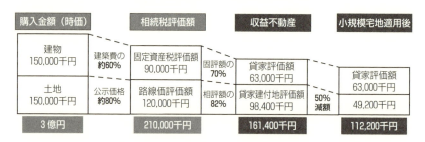

## (4) 不動産賃貸業開始前後の相続税額の比較シミュレーション

ここからは，不動産賃貸業を始める前と後で個人事業主の相続税にどのような違いが生じるかを確認していきます。

| 前提条件 | | |
|---|---|---|

（単位：千円）

| 現預金 | 100,000 | 相続税の試算上，個人が所有する現預金 |
|---|---|---|
| 賃貸事業開始前の土地の相続税評価額 | 120,000 | 150,000千円×80％＝120,000千円 |
| 賃貸事業開始後の土地の相続税評価額 | 98,400 | 貸家建付地評価：120,000千円×（1－0.6×0.3）＝98,400千円（借地権割合60％と仮定） |
| 小規模宅地等の特例 | －49,200 | 貸付事業用宅地等の適用ありと仮定し50％減額 |
| 建物の相続税評価額 | 貸家評価 | 固定資産税評価額×（1－借家権割合30％） |
| 法定相続人 | 3人 | 相続人は配偶者と子2人 |
| 相続財産の取得割合 | 法定相続分 | 法定相続分に従い財産を取得と仮定，配偶者の税額軽減を適用 |

　不動産賃貸事業開始前と事業開始初年度の相続税額を比較すると以下の表のようになります。

（単位：千円）

| 相続財産の種類 | 不動産賃貸事業開始前の相続税額 | | | | 事業初年度の相続税額 | | | |
|---|---|---|---|---|---|---|---|---|
| | 各人の合計 | 配偶者 | 子 | 子 | 各人の合計 | 配偶者 | 子 | 子 |
| | | 1／2 | 1／4 | 1／4 | | 1／2 | 1／4 | 1／4 |
| 現預金 | 100,000 | 50,000 | 25,000 | 25,000 | 100,000 | 50,000 | 25,000 | 25,000 |
| 不動産投資の蓄積CF | 0 | 0 | 0 | 0 | 6,257 | 3,129 | 1,564 | 1,564 |
| 土地 | 120,000 | 60,000 | 30,000 | 30,000 | 98,400 | 49,200 | 24,600 | 24,600 |
| 小規模宅地 | 0 | 0 | 0 | 0 | -49,200 | -24,600 | -12,300 | -12,300 |
| 建物 | 0 | 0 | 0 | 0 | 63,000 | 31,500 | 15,750 | 15,750 |
| 相続財産　合計 | 220,000 | 110,000 | 55,000 | 55,000 | 218,457 | 109,229 | 54,614 | 54,614 |
| 借入金 | 0 | 0 | 0 | 0 | 154,771 | 77,386 | 38,693 | 38,693 |
| 債務・葬式費用　合計 | 0 | 0 | 0 | 0 | 154,771 | 77,386 | 38,693 | 38,693 |
| 課税価格 | 220,000 | 110,000 | 55,000 | 55,000 | 63,685 | 31,843 | 15,921 | 15,921 |
| 取得割合 | 1 | 0.5 | 0.25 | 0.25 | 1 | 0.5 | 0.25 | 0.25 |
| 相続人数・法定相続分 | 3 | 1／2 | 1／4 | 1／4 | 3 | 1／2 | 1／4 | 1／4 |

第4章　各方式と相続税の推移　**91**

| | | | | | | | | |
|---|---|---|---|---|---|---|---|---|
| 基礎控除額 | −48,000 | | | | −48,000 | | | |
| 課税遺産総額 | 172,000 | 86,000 | 43,000 | 43,000 | 15,685 | 7,842 | 3,921 | 3,921 |
| 相続税の総額 | 32,000 | 18,800 | 6,600 | 6,600 | 1,568 | 784 | 392 | 392 |
| 各人の按分割合 | 1 | 0.5 | 0.25 | 0.25 | 1 | 0.5 | 0.25 | 0.25 |
| 各人の算出税額 | 32,000 | 16,000 | 8,000 | 8,000 | 1,568 | 784 | 392 | 392 |
| 配偶者の税額軽減額 | 16,000 | 16,000 | | | 784 | 784 | | |
| 各人の納付税額 | 16,000 | 0 | 8,000 | 8,000 | 784 | 0 | 392 | 392 |

　不動産賃貸事業開始前の土地の相続税評価額は120,000千円ですが，事業開始後は土地と建物合計で112,200千円まで圧縮されます。また，借入れの効果により純資産価額は220,000千円から63,685千円まで圧縮されます。これにより，相続税額は，事業前は16,000千円であったのに対し事業開始後は784千円にまで下がることになります。

　なお，借入れを利用した，過度な税負担の軽減を目的とした租税回避行為は，課税当局から否認されるリスクがあるため注意が必要です（シミュレーション12参照）。

## (5)　不動産賃貸業開始後の相続税の推移

　不動産賃貸業を開始した後の経過年数に応じた個人事業主の相続税額の推移は以下のようになります。

（単位：千円）

| 相続財産の種類 | 事業前 | 事業開始後 | | | | | | |
|---|---|---|---|---|---|---|---|---|
| | | 初年度 | 5年目 | 10年目 | 15年目 | 20年目 | 25年目 | 30年目 |
| 現預金 | 100,000 | 100,000 | 100,000 | 100,000 | 100,000 | 100,000 | 100,000 | 100,000 |
| 不動産投資の蓄積CF | 0 | 6,257 | 25,551 | 48,902 | 69,390 | 89,405 | 106,458 | 122,866 |
| 土地 | 120,000 | 98,400 | 98,400 | 98,400 | 98,400 | 98,400 | 98,400 | 98,400 |
| 小規模宅地 | 0 | −49,200 | −49,200 | −49,200 | −49,200 | −49,200 | −49,200 | −49,200 |
| 建物 | 0 | 63,000 | 44,100 | 40,786 | 39,129 | 35,809 | 32,495 | 30,839 |
| 借入金 | 0 | −154,771 | −137,207 | −113,718 | −88,401 | −61,113 | −31,701 | 0 |

92

| 純資産価額 | 220,000 | 63,686 | 81,644 | 125,170 | 169,319 | 213,302 | 256,453 | 302,904 |
|---|---|---|---|---|---|---|---|---|
| 基礎控除 | −48,000 | −48,000 | −48,000 | −48,000 | −48,000 | −48,000 | −48,000 | −48,000 |
| 課税遺産総額 | 172,000 | 15,686 | 33,644 | 77,170 | 121,319 | 165,302 | 208,453 | 254,904 |
| 相続税の総額 | 16,000 | 784 | 1,853 | 5,252 | 9,665 | 15,163 | 20,979 | 29,108 |

　不動産賃貸業によるキャッシュの蓄積や借入金の返済に伴う債務の減少により，年数の経過とともに相続税額も増加していきますが，初年度〜20年目までは事業を行わない場合と事業を開始した場合を比較すると，後者の方が相続税の負担は少なくなります。20年目以降は借入金の減少と，家賃収入の蓄積による現預金の増加により，事業を行わない場合よりも事業を行った方が相続税の負担は増加することになります。

**【事業をしなかった場合と借入れにより事業を開始して30年目の相続税額の比較】**

(単位：千円)

| 相続財産の種類 | 事業開始前の相続税額 | | | | 事業開始後30年 | | | |
|---|---|---|---|---|---|---|---|---|
| | 各人の合計 | 配偶者 | 長男 | 長女 | 各人の合計 | 配偶者 | 長男 | 長女 |
| | | 1/2 | 1/4 | 1/4 | | 1/2 | 1/4 | 1/4 |
| 現預金 | 100,000 | 50,000 | 25,000 | 25,000 | 100,000 | 50,000 | 25,000 | 25,000 |
| 不動産投資の蓄積CF | 0 | 0 | 0 | 0 | 122,866 | 61,433 | 30,716 | 30,716 |
| 土地 | 120,000 | 60,000 | 30,000 | 30,000 | 98,400 | 49,200 | 24,600 | 24,600 |
| 小規模宅地 | 0 | 0 | 0 | 0 | −49,200 | −24,600 | −12,300 | −12,300 |
| 建物 | 0 | 0 | 0 | 0 | 30,839 | 15,419 | 7,710 | 7,710 |
| 相続財産　合計 | 220,000 | 110,000 | 55,000 | 55,000 | 302,904 | 151,452 | 75,726 | 75,726 |
| 借入金 | 0 | 0 | 0 | 0 | 0 | 0 | 0 | 0 |
| 債務・葬式費用　合計 | 0 | 0 | 0 | 0 | 0 | 0 | 0 | 0 |
| 課税価格 | 220,000 | 110,000 | 55,000 | 55,000 | 302,904 | 151,452 | 75,726 | 75,726 |
| 取得割合 | 1 | 0.5 | 0.25 | 0.25 | 1 | 0.5 | 0.25 | 0.25 |
| 相続人数・法定相続分 | 3 | 1/2 | 1/4 | 1/4 | 3 | 1/2 | 1/4 | 1/4 |
| 基礎控除額 | −48,000 | | | | −48,000 | | | |
| 課税遺産総額 | 172,000 | 86,000 | 43,000 | 43,000 | 254,904 | 127,452 | 63,726 | 63,726 |
| 相続税の総額 | 32,000 | 18,800 | 6,600 | 6,600 | 58,216 | 33,981 | 12,118 | 12,118 |
| 各人の按分割合 | 1 | 0.5 | 0.25 | 0.25 | 1 | 0.5 | 0.25 | 0.25 |

第4章　各方式と相続税の推移　　**93**

| 各人の算出税額 | 32,000 | 16,000 | 8,000 | 8,000 | 58,216 | 29,108 | 14,554 | 14,554 |
|---|---|---|---|---|---|---|---|---|
| 配偶者の税額軽減額 | 16,000 | 16,000 | | | 29,108 | 29,108 | | |
| **各人の納付税額** | **16,000** | **0** | **8,000** | **8,000** | **29,108** | **0** | **14,554** | **14,554** |

　事業開始後30年が経過をすると，不動産賃貸業を開始する前と比べると相続税の負担が13,108千円程度増えることが予想されます。ただし，家賃収入の蓄積により現預金額が122,866千円ほど増加するため，相続税額の支払を行っても，手元に残る現預金額は事業開始前よりも増加することになります。

(単位：千円)

| | 事業前 | 事業開始後 | | | | | | |
|---|---|---|---|---|---|---|---|---|
| | | 初年度 | 5年目 | 10年目 | 15年目 | 20年目 | 25年目 | 30年目 |
| 相続税の総額 | 16,000 | 784 | 1,853 | 5,252 | 9,665 | 15,163 | 20,979 | 29,108 |
| 相続税支払い後の手残りキャッシュ | 84,000 | 105,473 | 123,698 | 143,649 | 159,725 | 174,242 | 185,479 | 193,757 |

# 3　まとめ

　不動産の法人化を行わずに，個人事業主のまま不動産賃貸業を開始した場合の所得税と相続税の推移の検証結果をまとめると，以下のような傾向があることが分かります。

## (1)　所得税

○　個人事業主として不動産賃貸業を行う場合は，不動産所得が個人へ100％帰属するため，家賃収入が多い場合は税率が高くなる傾向がある。

## (2)　相続税

○　「個人」が借入れを行うため，借入金による相続財産の圧縮効果が高い。

○　不動産貸付業の開始により，土地・建物の相続財産評価上の減額や小規模宅地等の特例の適用による減額をすることができ，不動産の相続税評価額が圧縮される。

○　家賃収入により得られるキャッシュが全て個人に蓄積されるため，事業年数の経過と共に個人の現預金が増加し相続税額が高くなる。

○　不動産賃貸業開始から一定期間を経過するまで（借入金の残高＋不動産の圧縮効果＞キャッシュの蓄積額）は不動産賃貸業を行わない場合よりも相続税を低く抑えることができる。

○　一定期間後（借入金の残高＋不動産の圧縮効果＜キャッシュの蓄積額）は，不動産賃貸業開始後の方が相続税は増加するが，現預金額も増加するため，相続税額の支払を行っても，手元に残るキャッシュは事業開始前よりも増加することになる。

### シミュレーション 8

## 不動産管理委託方式のキャッシュフローと相続税の推移

**シミュレーション内容**

個人が借入金を元手に賃貸用建物を取得し，不動産管理会社に管理のみを委託する「不動産管理委託方式」の税金計算やキャッシュフローの推移と相続税の推移をシミュレーションします。

賃貸用不動産の管理運用方法は，一般的に以下の4つの方法が考えられます。

①個人が「個人事業主」として不動産賃貸業を行う→ シミュレーション7

②不動産管理会社に管理料を支払う「不動産管理委託方式」

   → シミュレーション8

③不動産管理会社へ転貸する「サブリース方式」→ シミュレーション9

④建物を法人が所有する「不動産所有方式」→ シミュレーション10

本事例では，②個人が金融機関からの借入金を元手に賃貸用建物を建築し，不動産管理会社に不動産の管理を委託する「不動産管理委託方式」の所有期間中の税金及びキャッシュフローのシミュレーションと，相続税のシミュレーションを行います。

なお，①「法人化しない場合」については シミュレーション7 で，③「サブリース方式」については シミュレーション9 で，④「不動産所有方式」については シミュレーション10 でそれぞれシミュレーションを行います。

## 1 管理委託方式の所有期間中のキャッシュフローのシミュレーション

**前提条件**

本シミュレーションの前提条件は以下のとおりです。

96

① 個人は自己が所有する土地上に新たに賃貸物件を建築。
② 個人は出資金1,000千円で不動産管理会社を設立。
③ 設立した不動産管理会社に賃貸料の5％の管理料で賃貸物件の管理業務を委託。

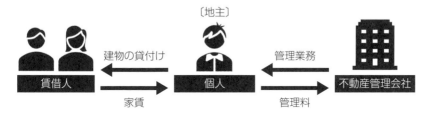

**【個人のシミュレーション前提】**

（単位：千円）

| 土地時価 | 150,000 | 個人が元々所有していた土地 |
|---|---|---|
| 建物時価 | 150,000 | 新築，4階建て居住用アパート，住戸数12戸 |
| 年間家賃収入 | 18,000 | 経年により11〜20年目は当初家賃収入の95%，21〜30年目は90%に減少すると仮定 |
| 土地　固定資産税等 | 350 | 固定資産税・都市計画税合計 |
| 建物　固定資産税等 | 1,530 | 固定資産税・都市計画税合計，初年度を基準年度とし経年による税額の減少を反映 |
| 減価償却費 | 3,300 | 鉄筋コンクリート造，住宅用，耐用年数47年，定額法 |
| 税理士報酬 | 350 | 確定申告報酬 |
| 管理料 | 900 | 家賃収入の5％を支払い，不動産管理会社が管理を行う |
| 修繕費 | 810 | 家賃収入の4.5%と仮定 |
| 地代 | 0 | 土地建物共に個人所有のため地代は生じない |
| その他諸経費 | 1,197 | 家賃収入から管理料を差し引いた額の7％と仮定 |
| 初期投資費用 | 9,000 | 初年度は初期投資費用として物件価額の6％を加算 |
| 借入金 | 159,000 | 年利率1.5%，返済期間30年，元利均等返済 |

（※）比較可能性確保のため，シミュレーション7〜9の経費については，個人と法人合算でほぼ同額になるように設定。
（※）社会保険料は未考慮とする。

第4章　各方式と相続税の推移　　97

## (1) キャッシュフローと税負担の推移

まずは，賃貸不動産新築時から30年経過時までの，各年の個人の所得税及びキャッシュフローのシミュレーションを行います。

### ① 個人の初年度～5年目までのキャッシュフロー

(単位：千円)

| 個人 | | 不動産管理委託方式 | | | | |
|---|---|---|---|---|---|---|
| | | 初年度 | 2年目 | 3年目 | 4年目 | 5年目 |
| 不動産収入 | | 18,000 | 18,000 | 18,000 | 18,000 | 18,000 |
| | 建物固定資産税等 | 1,530 | 1,530 | 1,530 | 1,071 | 1,071 |
| | 土地固定資産税等 | 350 | 350 | 350 | 350 | 350 |
| | 減価償却費 | 3,300 | 3,300 | 3,300 | 3,300 | 3,300 |
| | 税理士報酬 | 350 | 350 | 350 | 350 | 350 |
| | 支払利息 | 2,164 | 2,292 | 2,227 | 2,161 | 2,095 |
| | 管理料 | 900 | 900 | 900 | 900 | 900 |
| | 修繕費 | 810 | 810 | 810 | 810 | 810 |
| | その他諸経費 | 10,197 | 1,197 | 1,197 | 1,197 | 1,197 |
| | 青色申告特別控除 | 650 | 650 | 650 | 650 | 650 |
| 不動産経費計 | | 20,251 | 11,379 | 11,314 | 10,789 | 10,723 |
| 不動産所得 | | −2,251 | 6,621 | 6,686 | 7,211 | 7,277 |
| 所得控除 | | 480 | 480 | 480 | 480 | 480 |
| 所得合計 | | 0 | 6,141 | 6,206 | 6,731 | 6,797 |
| 純損失の繰越額 | | 0 | 2,251 | 0 | 0 | 0 |
| 純損失の繰越控除額 | | −2,251 | 0 | 0 | 0 | 0 |
| 各種税額 | 所得税 | 0 | 351 | 814 | 919 | 932 |
| | 復興税 | 0 | 7 | 17 | 19 | 19 |
| | 住民税 | 0 | 389 | 620 | 673 | 679 |
| | 事業税 | 0 | 106 | 221 | 248 | 251 |
| 税額合計 | | 0 | 853 | 1,672 | 1,859 | 1,881 |

| | | | | | |
|---|---|---|---|---|---|
| 借入金返済元本 | 4,229 | 4,293 | 4,358 | 4,423 | 4,490 |
| 個人CF | 6,470 | 5,426 | 4,606 | 4,879 | 4,856 |
| 個人CF累計 | 6,470 | 11,896 | 16,502 | 21,381 | 26,237 |

　建物を新しく建築する際には，建築費用の他に，建物の不動産取得税，抵当権設定登記費用，請負契約書や金銭消費貸借契約書に係る印紙代等の初期投資費用が多くかかることから，事業開始年度の不動産所得は赤字が見込まれます。所得税法では不動産所得の損失は給与所得等と通算した後，翌年以降3年間にわたって繰り越すことができます（所法70）。

　本シミュレーションでは1年目に建築費用の6％の初期投資費用（9,000千円）が発生するため，1年目は赤字となり所得税等の納税は発生しません。2年目は初年度から繰り越された純損失が2年目の所得から控除される（所法69）ため所得税の負担が減少します。

　なお，本事例のように，建物の建設費に初期投資費用を加えて借入れを行う場合は，自己資金からの初期投資費用の持ち出しがなくなります。結果的に，1年目は赤字による税金の負担がない分，2年目以降よりもキャッシュフローはプラスとなります。

　法人化をしない個人事業主の場合（ シミュレーション7 ）と不動産管理委託方式を比較すると，経費の額がやや異なりますが，全体としては，キャッシュフローに大きな差はないといえます。


### ②個人の10年目～30年目までのキャッシュフロー

（単位：千円）

| 個人 | | 不動産管理委託方式 | | | | |
|---|---|---|---|---|---|---|
| | | 10年目 | 15年目 | 20年目 | 25年目 | 30年目 |
| 不動産収入 | | 18,000 | 17,100 | 17,100 | 16,200 | 16,200 |
| | 建物固定資産税等 | 990 | 950 | 870 | 789 | 749 |
| | 土地固定資産税等 | 350 | 350 | 350 | 350 | 350 |

第4章　各方式と相続税の推移　　99

| | | | | | | |
|---|---|---:|---:|---:|---:|---:|
| | 減価償却費 | 3,300 | 3,300 | 3,300 | 3,300 | 3,300 |
| | 税理士報酬 | 350 | 350 | 350 | 350 | 350 |
| | 支払利息 | 1,745 | 1,368 | 962 | 525 | 53 |
| | 管理料 | 900 | 855 | 855 | 810 | 810 |
| | 修繕費 | 810 | 770 | 770 | 729 | 729 |
| | その他諸経費 | 1,197 | 1,137 | 1,137 | 1,077 | 1,077 |
| | 青色申告特別控除 | 650 | 650 | 650 | 650 | 650 |
| | **不動産経費計** | 10,293 | 9,730 | 9,243 | 8,580 | 8,068 |
| | **不動産所得** | 7,707 | 7,370 | 7,857 | 7,620 | 8,132 |
| | 所得控除 | 480 | 480 | 480 | 480 | 480 |
| | **所得合計** | 7,227 | 6,890 | 7,377 | 7,140 | 7,652 |
| | 純損失の繰越額 | 0 | 0 | 0 | 0 | 0 |
| | 純損失の繰越控除額 | 0 | 0 | 0 | 0 | 0 |
| 各種税額 | 所得税 | 1,026 | 950 | 1,061 | 1,006 | 1,124 |
| | 復興税 | 21 | 19 | 22 | 21 | 23 |
| | 住民税 | 722 | 688 | 737 | 714 | 765 |
| | 事業税 | 272 | 255 | 280 | 268 | 294 |
| | **税額合計** | 2,041 | 1,912 | 2,100 | 2,009 | 2,206 |
| | 借入金返済元本 | 4,840 | 5,216 | 5,622 | 6,060 | 6,532 |
| | **個人 CF** | 4,776 | 4,191 | 4,085 | 3,501 | 3,345 |
| | **個人 CF累計** | 50,263 | 71,430 | 92,097 | 109,811 | 126,853 |

　10年目以降のシミュレーションでは，建物の経年劣化による家賃収入の減少をキャッシュフローに反映しています。一般的に，築年数の経過と共に家賃収入は減少する傾向にあるため，本シミュレーションにおいても，11年目以降の年間賃料収入は当初の賃料収入の95％に，21年目以降は90％に減少するものと仮定しています。法人化をしない個人事業主の場合（**シミュレーション7**）と不動産管理委託方式を比較すると，10年目以降もキャッシュフローに大差はな

*100*

いといえます。

### ③ 不動産管理会社のキャッシュフロー

次に，不動産管理会社のキャッシュフローを確認します。

#### 法人のシミュレーション前提条件

(単位：千円)

| 年間管理料収入 | 900 | 年間家賃収入の5％を管理料として収受 |
|---|---|---|
| 税理士報酬 | 150 | 決算報酬 |
| その他諸経費 | 63 | 管理料収入の7％と仮定 |

(単位：千円)

| 法人 | | 不動産管理委託方式 | | | | | | |
|---|---|---|---|---|---|---|---|---|
| | | 初年度 | 5年目 | 10年目 | 15年目 | 20年目 | 25年目 | 30年目 |
| 不動産収入 | | 900 | 900 | 900 | 855 | 855 | 810 | 810 |
| | 役員報酬 | | | | | | | |
| | 税理士報酬 | 150 | 150 | 150 | 150 | 150 | 150 | 150 |
| | その他諸経費 | 63 | 63 | 63 | 59 | 59 | 56 | 56 |
| 所得合計 | | 687 | 687 | 687 | 646 | 646 | 604 | 604 |
| 各種税額 | 法人税 | 103 | 103 | 103 | 96 | 96 | 90 | 90 |
| | 地方法人税 | 10 | 10 | 10 | 9 | 9 | 9 | 9 |
| | 均等割 | 70 | 70 | 70 | 70 | 70 | 70 | 70 |
| | 法人税割 | 7 | 7 | 7 | 6 | 6 | 6 | 6 |
| | 事業税 | 24 | 24 | 24 | 22 | 22 | 21 | 21 |
| | 特別法人事業税 | 8 | 8 | 8 | 8 | 8 | 7 | 7 |
| | 消費税 | 0 | 0 | 0 | 0 | 0 | 0 | 0 |
| 税額合計 | | 222 | 222 | 222 | 211 | 211 | 203 | 203 |
| 個人+法人税額合計 | | 222 | 2,103 | 2,263 | 2,123 | 2,311 | 2,212 | 2,409 |

| 法人 CF | 465 | 465 | 465 | 435 | 435 | 401 | 401 |
|---|---|---|---|---|---|---|---|
| 法人累計 CF | 465 | 2,325 | 4,650 | 6,825 | 9,000 | 11,005 | 13,010 |

| 個人+法人合計CF | 6,935 | 5,321 | 5,241 | 4,626 | 4,520 | 3,902 | 3,746 |
|---|---|---|---|---|---|---|---|
| 個人+法人合計CF累計 | 6,935 | 28,562 | 54,913 | 78,255 | 101,097 | 120,816 | 139,863 |

　不動産管理会社の管理料収入は家賃収入の5％となります。税理士報酬とその他経費を差し引いた差額が課税所得となり，毎期一定の所得と税負担が発生します。

　個人事業主の場合（シミュレーション7）では，管理料を第三者に支払う前提としているため，管理料相当額が外部に流出します。一方，不動産管理委託方式では不動産管理会社が管理を行う前提としているため，個人が支払う管理料が外部へ流出せず，不動産管理会社に蓄積されます。結果として，個人と法人を合算したキャッシュフローは，不動産管理委託方式の方が，個人事業主の場合（シミュレーション7）よりもやや増加します。

　シミュレーション7の個人事業主の場合と管理委託方式の場合のキャッシュフローの累計を比較すると以下のようになります。

【個人+法人合計のキャッシュの蓄積額の推移】

| | 初年度 | 5年目 | 10年目 | 15年目 | 20年目 | 25年目 | 30年目 |
|---|---|---|---|---|---|---|---|
| 個人事業主 | 6,257 | 25,551 | 48,902 | 69,390 | 89,405 | 106,458 | 122,866 |
| 管理委託方式 | 6,935 | 28,562 | 54,913 | 78,255 | 101,097 | 120,816 | 139,863 |

　不動産管理委託方式で管理を外部へ再委託しない場合には，管理料の流出がない分キャッシュフローの増加が見込めますが，個人事業主の場合と比較してキャッシュフローの大幅な改善は期待できないことが分かります。

# 2　管理委託方式の相続財産額と相続税額の推移

## (1)　不動産管理会社の株価の推移

　ここからは，「不動産管理委託方式」により法人化した場合の相続税の推移について試算を行います。まずは，不動産管理会社の株価の推移をシミュレーションします。

| 前提条件 | | |
|---|---|---|
| 類似業種の株価 | 364円 | 類似業種は大分類不動産業（No.92），中分類物品賃貸業（No.94）を採用 |
| 資本金 | 1,000千円 | 個人が出資 |
| 配当金 | 0円 | 設立以降，配当金の支払はなし |
| 役員数 | 1人 | 代表取締役1名のみ，役員報酬の支払なし |
| 従業員数 | 0人 | 代表取締役1人のみ |
| 会社規模 | 小会社 | |
| 発行済株式数 | 100株 | |

## ① 初年度～5年目の株価の推移

| | 事業開始後 | | | | |
|---|---|---|---|---|---|
| | 初年度 | 2年目 | 3年目 | 4年目 | 5年目 |
| 株価評価方法 | 開業後3年未満の会社 | 開業後3年未満の会社 | 開業後3年未満の会社 | 小会社 | 小会社 |
| 1株当たりの純資産価額（円） | 14,650 | 19,300 | 23,950 | 28,600 | 33,250 |
| 類似業種比準価額（円） | － | － | － | 13,460 | 14,560 |
| 1株当たりの株価（千円） | 15 | 19 | 24 | 21 | 24 |
| 相続税評価額（千円） | 1,465 | 1,930 | ⦅2,395⦆ | ⦅2,103⦆ | 2,391 |

株価が下落

## ② 6年目～30年目までの株価の推移

| | 事業開始後 | | | | |
|---|---|---|---|---|---|
| | 10年目 | 15年目 | 20年目 | 25年目 | 30年目 |
| 株価評価方法 | 小会社 | 小会社 | 小会社 | 小会社 | 小会社 |
| 1株当たりの純資産価額（円） | 56,500 | 78,250 | 100,000 | 120,050 | 140,100 |
| 類似業種比準価額（円） | 19,280 | 23,280 | 28,020 | 31,660 | 35,660 |
| 1株当たりの株価（千円） | 38 | 51 | 64 | 76 | 88 |
| 相続税評価額（千円） | 3,789 | 5,077 | 6,401 | 7,586 | 8,788 |

　事業開始から3年までは，「開業後3年未満の会社」に該当するため，純資産価額により株価を算定します（評基通189）。

第4章　各方式と相続税の推移　*103*

**【純資産価額（1年目）】**

| 相続税評価額 | | | 帳簿価額 | | |
|---|---|---|---|---|---|
| ① | ② | ③ | ④ | ⑤ | ⑥ |
| 資産の部 | 負債の部 | 純資産価額 ①－② | 資産の部 | 負債の部 | 純資産価額 ④－⑤ |
| 1,687千円 | 222千円 | 1,465千円 | 1,687千円 | 222千円 | 1,465千円 |

| ⑦ | ⑧ | ⑨ | ⑩ | ⑪ |
|---|---|---|---|---|
| 評価差額 ③－⑥ | 評価差額に対する法人税 ⑦×37% | 純資産価額 ③－⑧ | 発行済株式数 | 1株当たり純資産価額 ⑨÷⑩ |
| 0千円 | 0千円 | 1,465千円 | 100株 | **14,650円** |

　開業後4年目以降は，従業員数0人（役員は含めない），直前期末の総資産価額が5,000万円未満かつ直前期末以前1年間の取引金額が8,000万円未満のため，評価上の会社規模は「小会社」に該当し，「類似業種比準価額×0.5＋純資産価額×0.5」の折衷方法により算出した価額と純資産価額とのいずれか低い価額で評価をすることになります。

| 会社規模 | | 原則評価（いずれか低い価額） | |
|---|---|---|---|
| 大会社 | | 類似業種比準価額 | 純資産価額 |
| 中会社 | 中会社の大 | 類似業種比準価額×0.9＋純資産価額×0.1 | |
| | 中会社の中 | 類似業種比準価額×0.75＋純資産価額×0.25 | |
| | 中会社の小 | 類似業種比準価額×0.6＋純資産価額×0.4 | |
| 小会社 | | 類似業種比準価額×0.5＋純資産価額×0.5 | |

一般的に類似業種比準価額の方が純資産価額よりも評価が下がる傾向

　4年目の不動産管理会社の類似業種比準価額，純資産価額は下記のように算出します。

(a) 類似業種の株価は基準日以前3か月間の各月及び基準月以前2年間の平均株価，前年平均株価のうち最も低いものを採用します。今回の事例では，課税時期を令和5年8月として業種目「No.92」の不動産業，物品賃貸業の株価「364円」を採用しています。

104

(b) 比準割合は下記の算式で算定します。今回は業種目「No.92」の不動産業，物品賃貸業の比準要素により算出した「0.37」で算定しています。

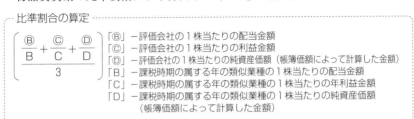

(c) 斟酌率は大会社0.7，中会社0.6，小会社0.5となります。本事例の不動産管理会社は小会社に当たるため0.5を乗じます。

(d) 1株当たりの資本金等の額

| 直前期末の資本金等の額<br>1,000千円 | ÷ | 直前期末の発行済株式数<br>100株 | = | 1株当たり資本金等の額<br>10千円 |

**【類似業種比準価額（4年目）】**

**【純資産価額（4年目）】**

| 相続税評価額 ||| 帳簿価額 |||
|---|---|---|---|---|---|
| ① | ② | ③ | ④ | ⑤ | ⑥ |
| 資産の部 | 負債の部 | 純資産価額<br>①-② | 資産の部 | 負債の部 | 純資産価額<br>④-⑤ |
| 3,082千円 | 222千円 | 2,860千円 | 3,082千円 | 222千円 | 2,860千円 |

第4章　各方式と相続税の推移　　*105*

| ⑦ | ⑧ | ⑨ | ⑩ | ⑪ |
|---|---|---|---|---|
| 評価差額<br>③－⑥ | 評価差額に<br>対する法人税<br>⑦×37% | 純資産価額<br>③－⑧ | 発行済株式数 | 1株当たり純資産価額<br>⑨÷⑩ |
| 0千円 | 0千円 | 2,860千円 | 100株 | **28,600円** |

【株価（4年目）】

① 純資産価額28,600円

② 類似業種比準価額13,460円×0.5＋純資産価額28,600円×（1－0.5）＝
21,030円

③ ①＞② ∴21,030円

　類似業種比準価額は事業内容が類似する上場株式の株価に比準して評価額を算定するため，一般的に純資産価額よりも評価額が下がる傾向があります。本シミュレーションにおいても「開業後3年未満の会社」の評価から「小会社」の評価に切り替わる4年目で株価が一旦下落します。ただし，年数の経過に伴い法人に利益が蓄積されていくため，評価額は上昇していきます。

## (2) 相続税額の推移

　(1)で算出をした株価の推移を基に，個人の相続財産の額と相続税額がどのように変化していくのかをシミュレーションします。

### 前提条件

（単位：千円）

| 現預金 | 100,000 | 相続税の試算上，初年度に個人が所有する現預金 |
|---|---|---|
| 土地の相続税評価額 | 98,400 | 自用地評価：土地の時価150,000千円×80％＝<br>120,000千円<br>貸家建付地評価：120,000千円×（1－0.6×0.3）<br>＝98,400千円（借地権割合60％と仮定） |
| 小規模宅地等の特例 | －49,200 | 貸付事業用宅地等の適用ありと仮定し50％減額 |
| 建物の相続税評価額 | 貸家評価 | 固定資産税評価額×（1－借家権割合30％） |

106

| 法定相続人 | 3人 | 相続人は配偶者と子2人 |
|---|---|---|
| 相続財産の取得割合 | 法定相続分 | 法定相続分に従い財産を取得と仮定，配偶者の税額軽減を適用 |

(単位：千円)

| 相続財産の種類 | 事業前 | 事業開始後 | | | | | | |
|---|---|---|---|---|---|---|---|---|
| | | 初年度 | 5年目 | 10年目 | 15年目 | 20年目 | 25年目 | 30年目 |
| 現預金 | 100,000 | 100,000 | 100,000 | 100,000 | 100,000 | 100,000 | 100,000 | 100,000 |
| 不動産投資によるCFの蓄積 | | 6,470 | 26,237 | 50,263 | 71,430 | 92,097 | 109,811 | 126,853 |
| 出資 | | −1,000 | | | | | | |
| 土地 | 120,000 | 98,400 | 98,400 | 98,400 | 98,400 | 98,400 | 98,400 | 98,400 |
| 小規模宅地等の特例 | 0 | −49,200 | −49,200 | −49,200 | −49,200 | −49,200 | −49,200 | −49,200 |
| 建物 | 0 | 63,000 | 44,100 | 40,786 | 39,129 | 35,809 | 32,495 | 30,839 |
| 有価証券(非上場株式) | | 1,465 | 2,391 | 3,789 | 5,077 | 6,401 | 7,586 | 8,788 |
| 借入金 | 0 | −154,771 | −137,207 | −113,718 | −88,401 | −61,113 | −31,701 | 0 |
| 純資産価額 | 220,000 | 64,364 | 84,720 | 130,320 | 176,435 | 222,395 | 267,391 | 315,680 |
| 基礎控除 | −48,000 | −48,000 | −48,000 | −48,000 | −48,000 | −48,000 | −48,000 | −48,000 |
| 課税遺産総額 | 172,000 | 16,364 | 36,720 | 82,320 | 128,435 | 174,395 | 219,391 | 267,680 |
| 相続税の総額 | 16,000 | 818 | 2,045 | 5,703 | 10,554 | 16,299 | 22,893 | 31,343 |

　不動産管理委託方式の場合，不動産の所有者は個人となり，相続財産に土地と建物が計上されます。個人は所有する土地と建物を貸付事業の用に供しているため，土地は貸家建付地評価となります。要件を充足すれば，小規模宅地等の特例の「貸付事業用宅地等」に該当し，200㎡を限度として評価額から50％を減額することができます。また，所有する建物も固定資産税評価額から借家権割合を控除した「貸家」の評価とすることができます。

　また，相続財産には不動産管理会社の株式の評価額が加わりますが，不動産管理委託方式の場合は，不動産管理会社に蓄積される管理料のみが株式評価の基となる資産であるため，株価は数百万円程度となります。家賃収入のほとんどが個人の預貯金として蓄積され，経年とともに相続財産額を引き上げる要因

となります。

　法人化をしない個人事業主の場合と比べると，相続財産の額は若干増加しますが，大きな差はないと考えてよいでしょう。

**【事業をしなかった場合と借入れにより不動産管理方式で事業を開始して30年後の相続税額の比較】**

(単位：千円)

| 相続財産の種類 | 事業開始前の相続税額 | | | | 事業開始後30年 | | | |
|---|---|---|---|---|---|---|---|---|
| | 各人の合計 | 配偶者 1/2 | 長男 1/4 | 長女 1/4 | 各人の合計 | 配偶者 1/2 | 長男 1/4 | 長女 1/4 |
| 現預金 | 100,000 | 50,000 | 25,000 | 25,000 | 100,000 | 50,000 | 25,000 | 25,000 |
| 不動産投資の蓄積CF | 0 | 0 | 0 | 0 | 126,853 | 63,427 | 31,713 | 31,713 |
| 土地 | 120,000 | 60,000 | 30,000 | 30,000 | 98,400 | 49,200 | 24,600 | 24,600 |
| 小規模宅地等の特例 | 0 | 0 | 0 | 0 | −49,200 | −24,600 | −12,300 | −12,300 |
| 建物 | 0 | 0 | 0 | 0 | 30,839 | 15,419 | 7,710 | 7,710 |
| 有価証券(非上場株式) | 0 | 0 | 0 | 0 | 8,788 | 4,394 | 2,197 | 2,197 |
| 相続財産　合計 | 220,000 | 110,000 | 55,000 | 55,000 | 315,680 | 157,840 | 78,920 | 78,920 |
| 借入金 | 0 | 0 | 0 | 0 | 0 | 0 | 0 | 0 |
| 債務・葬式費用　合計 | 0 | 0 | 0 | 0 | 0 | 0 | 0 | 0 |
| 課税価格 | 220,000 | 110,000 | 55,000 | 55,000 | 315,680 | 157,840 | 78,920 | 78,920 |
| 取得割合 | 1 | 0.5 | 0.25 | 0.25 | 1 | 0.5 | 0.25 | 0.25 |
| 相続人数・法定相続分 | 3 | 1/2 | 1/4 | 1/4 | 3 | 1/2 | 1/4 | 1/4 |
| 基礎控除額 | −48,000 | | | | −48,000 | | | |
| 課税遺産総額 | 172,000 | 86,000 | 43,000 | 43,000 | 267,680 | 133,840 | 66,920 | 66,920 |
| 相続税の総額 | 32,000 | 18,800 | 6,600 | 6,600 | 62,688 | 36,536 | 13,076 | 13,076 |
| 各人の按分割合 | 1 | 0.5 | 0.25 | 0.25 | 1 | 0.5 | 0.25 | 0.25 |
| 各人の算出税額 | 32,000 | 16,000 | 8,000 | 8,000 | 62,688 | 31,344 | 15,672 | 15,672 |
| 配偶者の税額軽減額 | 16,000 | 16,000 | | | 31,344 | 31,344 | | |
| 各人の納付税額 | 16,000 | 0 | 8,000 | 8,000 | 31,344 | 0 | 15,672 | 15,672 |

108

事業開始後30年が経過すると借入金の完済により不動産賃貸業を開始しなかった場合よりも，15,344千円程度相続税の負担が増えることになります。ただし，家賃収入の蓄積により，現預金額が126,853千円ほど増加するため，相続税の支払を行っても手元に残る現預金額は事業開始前よりも増加することになります。

(単位：千円)

| | 事業前 | 事業開始後 | | | | | | |
|---|---|---|---|---|---|---|---|---|
| | | 初年度 | 5年目 | 10年目 | 15年目 | 20年目 | 25年目 | 30年目 |
| 相続税の総額 | 16,000 | 818 | 2,045 | 5,703 | 10,554 | 16,299 | 22,893 | 31,344 |
| 相続税支払後の手残りキャッシュ | 84,000 | 104,652 | 124,192 | 144,560 | 160,876 | 175,798 | 186,918 | 195,509 |

# 3 まとめ

不動産管理委託方式により不動産を法人化した場合の所得税・法人税・相続税の推移の検証結果をまとめると以下のような傾向があることが分かります。

## (1) 所得税・法人税
○ 法人化により家賃収入が一部法人へ分散されるものの，個人へ入金される金額が大半を占めるため，所得の分散効果等による税負担の大幅な減少は期待できない。
○ 不動産管理会社が管理を外部へ再委託しない場合には，管理料の外部流出がない分，個人事業主の場合と比べると，法人個人全体のキャッシュフローは改善される。

## (2) 相続税
○ 「個人」が借入れを行うため，借入金による相続財産の圧縮効果が高い。
○ 法人化をしても土地・建物は個人所有のままのため，土地・建物の相続財

第4章　各方式と相続税の推移　*109*

産評価上の減額や小規模宅地等の特例の適用による減額をすることができ，不動産の相続税評価額が圧縮される。

○　不動産賃貸業開始から一定期間を経過するまで（借入金の残高＋不動産の圧縮効果＞キャッシュの蓄積＋非上場株式の株価）は不動産賃貸業を行わない場合よりも相続税を低く抑えることができる。

○　キャッシュの多くが個人に蓄積されるため事業年数の経過とともに個人の現預金が増え，相続税額が高くなる。

○　一定期間後（借入金の残高＋不動産の圧縮効果＜キャッシュの蓄積額＋非上場株式の株価）は，不動産賃貸業開始後の方が相続税の負担は増加するが，現預金額も増加するため，相続税額の支払を行っても，手元に残るキャッシュは事業開始前よりも増加することになる。

○　個人事業主の場合と不動産管理委託方式の場合を比較すると相続税額に大きな差異は生じない。

シミュレーション 9

# サブリース方式のキャッシュフローと
# 相続税の推移

**シミュレーション内容**

個人が借入金を元手に賃貸用建物を取得し，不動産管理会社にサブリースをする場合のキャッシュフローの推移と相続税の推移をシミュレーションします。

賃貸用不動産の管理運用方法は，一般的に以下の4つの方法が考えられます。

①個人が「個人事業主」として不動産賃貸業を行う→ シミュレーション7

②不動産管理会社に管理料を支払う「不動産管理委託方式」

　→ シミュレーション8

③**不動産管理会社へ転貸する「サブリース方式」**→ シミュレーション9

④建物を法人が所有する「不動産所有方式」→ シミュレーション10

本事例では，③個人が金融機関からの借入金を元手に賃貸用建物を建築し，不動産管理会社に転貸する「サブリース方式」の所有期間中の税金及びキャッシュフローのシミュレーションと，相続税のシミュレーションを行います。

なお，①「法人化しない場合」については シミュレーション7 で，②「不動産管理委託方式」については シミュレーション8 で，④「不動産所有方式」については シミュレーション10 でそれぞれシミュレーションを行います。

## 1　サブリース方式による所有期間中のキャッシュフローのシミュレーション

本シミュレーションの前提条件は以下のとおりです。

①　個人は自己が所有する土地上に新たに賃貸物件を建築。

②　個人は出資金1,000千円で不動産管理会社を設立し，建物を不動産管理

第4章　各方式と相続税の推移　*111*

会社へ転貸する。

③ 不動産管理会社は入居者から家賃を収受し，家賃の90％を個人へ一括借り上げ賃料として支払う。

賃貸不動産建設時から30年目までをシミュレーションします。

| 前提条件 |
|---|

### ＜個人のシミュレーション前提＞

(単位：千円)

| 土地時価 | 150,000 | 個人が元々所有していた土地 |
|---|---|---|
| 建物時価 | 150,000 | 新築，4階建て居住用アパート，住戸数12戸 |
| 一括借上賃料 | 16,200 | 家賃収入18,000千円の90％相当額を一括借上賃料として収受。経年により11～20年目は当初収入の95％，21～30年目は90％に減少すると仮定 |
| 土地　固定資産税等 | 350 | 固定資産税・都市計画税合計 |
| 建物　固定資産税等 | 1,530 | 固定資産税・都市計画税合計，初年度を基準年度とし経年により税額の減少を反映 |
| 減価償却費 | 3,300 | 鉄筋コンクリート造，住宅用，耐用年数47年，定額法 |
| 税理士報酬 | 350 | 確定申告報酬 |
| 修繕費 | 810 | 家賃収入の4.5％と仮定 |
| 地代 | 0 | 土地建物ともに個人所有のため地代は生じない |
| その他諸経費 | 1,134 | 年間一括借上賃料収入の7％と仮定 |
| 初期投資費用 | 9,000 | 初年度は初期投資費用として物件価額の6％を加算 |
| 借入金 | 159,000 | 年利率1.5％，返済期間30年，元利均等返済 |

(※) 比較可能性確保のため，シミュレーション7～9の経費については，個人と法人合算でほぼ同額になるように設定。
(※) 社会保険料は未考慮とする。

## (1) キャッシュフローと税負担の推移

まずは，賃貸不動産新築時から30年経過時までの，各年の個人の所得税及びキャッシュフローのシミュレーションを行います。

### ① 個人の初年度～5年目のキャッシュフロー

(単位：千円)

| 個人 | | サブリース方式 | | | | |
|---|---|---|---|---|---|---|
| | | 初年度 | 2年目 | 3年目 | 4年目 | 5年目 |
| 不動産収入 | | 16,200 | 16,200 | 16,200 | 16,200 | 16,200 |
| | 建物固定資産税等 | 1,530 | 1,530 | 1,530 | 1,071 | 1,071 |
| | 土地固定資産税等 | 350 | 350 | 350 | 350 | 350 |
| | 減価償却費 | 3,300 | 3,300 | 3,300 | 3,300 | 3,300 |
| | 税理士報酬 | 350 | 350 | 350 | 350 | 350 |
| | 支払利息 | 2,164 | 2,292 | 2,227 | 2,161 | 2,095 |
| | 修繕費 | 810 | 810 | 810 | 810 | 810 |
| | その他諸経費 | 10,134 | 1,134 | 1,134 | 1,134 | 1,134 |
| | 青色申告特別控除 | 650 | 650 | 650 | 650 | 650 |
| 不動産経費計 | | 19,288 | 10,416 | 10,351 | 9,826 | 9,760 |
| 不動産所得 | | −3,088 | 5,784 | 5,849 | 6,374 | 6,440 |
| 所得控除 | | 480 | 480 | 480 | 480 | 480 |
| 所得合計 | | 0 | 5,304 | 5,369 | 5,894 | 5,960 |
| 純損失の繰越額 | | 0 | 3,088 | 0 | 0 | 0 |
| 純損失の繰越控除額 | | −3,088 | 0 | 0 | 0 | 0 |
| 各種税額 | 所得税 | 0 | 124 | 646 | 751 | 765 |
| | 復興税 | 0 | 2 | 13 | 15 | 16 |
| | 住民税 | 0 | 221 | 536 | 589 | 596 |
| | 事業税 | 0 | 22 | 179 | 206 | 209 |
| 税額合計 | | 0 | 369 | 1,374 | 1,561 | 1,586 |

| | 初年度 | 2年目 | 3年目 | 4年目 | 5年目 |
|---|---|---|---|---|---|
| 借入金返済元本 | 4,229 | 4,293 | 4,358 | 4,423 | 4,490 |

第4章　各方式と相続税の推移　*113*

| 個人CF | 5,633 | 5,072 | 4,067 | 4,339 | 4,315 |
|---|---|---|---|---|---|
| 個人CF累計 | 5,633 | 10,705 | 14,772 | 19,111 | 23,426 |

　サブリース方式の場合の個人のキャッシュフローは，シミュレーション7の個人事業主の場合やシミュレーション8の不動産管理委託方式の場合と比べると，不動産収入が10％法人に分散される分だけ減少することになります。なお，建物の建築時には，初期投資費用が9,000千円かかることから，事業開始年度の不動産所得は大幅な赤字が見込まれますが，不動産所得の損失は，翌年以降3年間にわたって繰り越すことができます（所法70）。本事例の場合，1年目に発生した初期投資費用9,000千円により，初年度は赤字となるため納税額は発生しません。2年目は初年度から繰り越された赤字が損益通算される（所法69）ため税金の負担が減少します。

## ② 個人の10年目～30年目までのキャッシュフロー

(単位：千円)

| 個人 | | サブリース方式 | | | | |
|---|---|---|---|---|---|---|
| | | 10年目 | 15年目 | 20年目 | 25年目 | 30年目 |
| 不動産収入 | | 16,200 | 15,390 | 15,390 | 14,580 | 14,580 |
| | 建物固定資産税等 | 990 | 950 | 870 | 789 | 749 |
| | 土地固定資産税等 | 350 | 350 | 350 | 350 | 350 |
| | 減価償却費 | 3,300 | 3,300 | 3,300 | 3,300 | 3,300 |
| | 税理士報酬 | 350 | 350 | 350 | 350 | 350 |
| | 支払利息 | 1,745 | 1,368 | 962 | 525 | 53 |
| | 修繕費 | 810 | 770 | 770 | 729 | 729 |
| | その他諸経費 | 1,134 | 1,077 | 1,077 | 1,020 | 1,020 |
| | 青色申告特別控除 | 650 | 650 | 650 | 650 | 650 |
| 不動産経費計 | | 9,330 | 8,815 | 8,328 | 7,713 | 7,201 |
| 不動産所得 | | 6,870 | 6,575 | 7,062 | 6,867 | 7,379 |

| | | | | | |
|---|---|---|---|---|---|
| 所得控除 | 480 | 480 | 480 | 480 | 480 |
| **所得合計** | **6,390** | **6,095** | **6,582** | **6,387** | **6,899** |
| 純損失の繰越額 | 0 | 0 | 0 | 0 | 0 |
| 純損失の繰越控除額 | 0 | 0 | 0 | 0 | 0 |

| 各種税額 | | | | | | |
|---|---|---|---|---|---|---|
| | 所得税 | 851 | 791 | 889 | 850 | 952 |
| | 復興税 | 17 | 16 | 18 | 17 | 19 |
| | 住民税 | 639 | 609 | 658 | 638 | 689 |
| | 事業税 | 231 | 216 | 240 | 230 | 256 |
| | **税額合計** | **1,738** | **1,632** | **1,805** | **1,735** | **1,916** |

| | | | | | |
|---|---|---|---|---|---|
| 借入金返済元本 | 4,840 | 5,216 | 5,622 | 6,060 | 6,532 |

| | | | | | |
|---|---|---|---|---|---|
| 個人CF | 4,243 | 3,676 | 3,584 | 3,022 | 2,881 |
| 個人CF累計 | 44,766 | 63,365 | 81,499 | 96,791 | 111,479 |

　サブリース方式の場合の10年目以降のキャッシュフローを シミュレーション 7 の個人の場合，シミュレーション8 の不動産管理委託方式の場合と比べると，個人の収入額が10％程度減少している分，キャッシュフローの累計も同程度減少していることが分かります。

### ③　不動産管理会社のキャッシュフロー

　次に不動産管理会社のキャッシュフローを確認します。

| 法人のシミュレーション前提条件 | | |
|---|---|---|

(単位：千円)

| | | |
|---|---|---|
| 年間不動産収入 | 18,000 | 経年により11～20年目は当初収入の95％，21～30年目は90％に減少すると仮定 |
| 税理士報酬 | 150 | 決算報酬 |
| 地代家賃 | 16,200 | 賃貸収入の90％相当額を一括借上賃料として個人に支払う。経年により11～20年目は当初額の95％，21～30年目は90％に減少すると仮定 |
| 諸経費 | 126 | 収入から地代家賃を差引いた額の7％と仮定 |

第4章　各方式と相続税の推移　*115*

（※）比較可能性確保のため，シミュレーション7～9の経費については，個人と法人合算でほぼ同額になるように設定。
（※）社会保険料は未考慮とする。

（単位：千円）

| 法人 | | 初年度 | 5年目 | 10年目 | 15年目 | 20年目 | 25年目 | 30年目 |
|---|---|---|---|---|---|---|---|---|
| | | サブリース方式 | | | | | | |
| | 不動産収入 | 18,000 | 18,000 | 18,000 | 17,100 | 17,100 | 16,200 | 16,200 |
| | 役員報酬 | | | | | | | |
| | 税理士報酬 | 150 | 150 | 150 | 150 | 150 | 150 | 150 |
| | 地代家賃 | 16,200 | 16,200 | 16,200 | 15,390 | 15,390 | 14,580 | 14,580 |
| | その他諸経費 | 126 | 126 | 126 | 119 | 119 | 113 | 113 |
| | 不動産経費計 | 16,476 | 16,476 | 16,476 | 15,659 | 15,659 | 14,843 | 14,843 |
| | 所得合計 | 1,524 | 1,524 | 1,524 | 1,441 | 1,441 | 1,357 | 1,357 |
| 各種税額 | 法人税 | 228 | 228 | 228 | 216 | 216 | 203 | 203 |
| | 地方法人税 | 23 | 23 | 23 | 22 | 22 | 20 | 20 |
| | 均等割 | 70 | 70 | 70 | 70 | 70 | 70 | 70 |
| | 法人税割 | 15 | 15 | 15 | 15 | 15 | 14 | 14 |
| | 事業税 | 53 | 53 | 53 | 50 | 50 | 47 | 47 |
| | 特別法人事業税 | 19 | 19 | 19 | 18 | 18 | 17 | 17 |
| | 消費税 | 0 | 0 | 0 | 0 | 0 | 0 | 0 |
| | 税額合計 | 408 | 408 | 408 | 391 | 391 | 371 | 371 |
| | 個人＋法人税額合計 | 408 | 1,994 | 2,146 | 2,023 | 2,196 | 2,106 | 2,287 |

| | 初年度 | 5年目 | 10年目 | 15年目 | 20年目 | 25年目 | 30年目 |
|---|---|---|---|---|---|---|---|
| 法人CF | 1,116 | 1,116 | 1,116 | 1,050 | 1,050 | 986 | 986 |
| 法人CF累計 | 1,116 | 5,580 | 11,160 | 16,410 | 21,660 | 26,590 | 31,520 |

| | 初年度 | 5年目 | 10年目 | 15年目 | 20年目 | 25年目 | 30年目 |
|---|---|---|---|---|---|---|---|
| 個人＋法人合計CF | 6,749 | 5,431 | 5,359 | 4,726 | 4,634 | 4,008 | 3,867 |
| 個人＋法人合計CF累計 | 6,749 | 29,006 | 55,926 | 79,775 | 103,159 | 123,381 | 142,999 |

　不動産管理会社は入居者からの家賃を全額収受しますが，家賃の90％相当額を一括借上賃料として個人へ支払うため，不動産管理会社の実質的な収入は家

賃収入の10％相当額となります。5％の管理料を収受する不動産管理委託方式より，サブリース方式の方が収入が増えるため，不動産管理会社の所得と税負担も増加します。

サブリース方式では，不動産管理委託方式よりも多くの所得が法人へ分散されるため，所得分散効果により個人と法人を合算した税額の合計は不動産管理委託方式よりも減少します。

サブリース方式の場合，個人と法人を合算した30年後のキャッシュフローは法人化しない個人事業主の場合より20,133千円増加，不動産管理委託方式より3,136千円増加する結果となりました。

**【個人＋法人合計のキャッシュの蓄積額の推移】**

|  | 初年度 | 5年目 | 10年目 | 15年目 | 20年目 | 25年目 | 30年目 |
|---|---|---|---|---|---|---|---|
| 個人事業主 | 6,257 | 25,551 | 48,902 | 69,390 | 89,405 | 106,458 | 122,866 |
| 管理委託方式 | 6,935 | 28,562 | 54,913 | 78,255 | 101,097 | 120,816 | 139,863 |
| サブリース方式 | 6,749 | 29,006 | 55,926 | 79,775 | 103,159 | 123,381 | 142,999 |

3つの方式を比べると法人・個人合計では，サブリース方式が最も多くのキャッシュが蓄積されることが分かりました。

# 2　サブリース方式の相続財産額と相続税額の推移

## (1)　不動産管理会社の株価の推移

ここからは，「サブリース方式」により法人化した場合の相続税の推移について試算を行います。まずは，不動産管理会社の株価の推移をシミュレーションします。

| 前提条件 | | |
|---|---|---|
| 類似業種の株価 | 364円 | 類似業種は大分類不動産業（No.92），中分類物品賃貸業(No.94)を採用 |
| 資本金 | 1,000千円 | 個人が出資 |
| 配当金 | 0円 | 設立以降，配当金の支払はなし |

第4章　各方式と相続税の推移　*117*

| 役員数 | 1人 | 代表取締役1名のみ，役員報酬の支払なし |
|---|---|---|
| 従業員数 | 0人 | 代表取締役1人のみ |
| 会社規模 | 小会社 | |
| 発行済株式数 | 100株 | |

### ① 初年度～5年目の株価の推移

| | 事業開始後 | | | | |
|---|---|---|---|---|---|
| | 初年度 | 2年目 | 3年目 | 4年目 | 5年目 |
| 株価評価方法 | 開業後3年未満の会社 | 開業後3年未満の会社 | 開業後3年未満の会社 | 小会社 | 小会社 |
| 1株当たりの純資産価額（円） | 21,160 | 32,320 | 43,480 | 54,640 | 65,800 |
| 類似業種比準価額（円） | － | － | － | 28,380 | 30,940 |
| 1株当たりの株価（千円） | 21 | 32 | 43 | 42 | 48 |
| 相続税評価額（千円） | 2,116 | 3,232 | 4,348 | 4,151 | 4,837 |

株価が下落

### ② 10年目～30年目までの株価の推移

| | 事業開始後 | | | | |
|---|---|---|---|---|---|
| | 10年目 | 15年目 | 20年目 | 25年目 | 30年目 |
| 株価評価方法 | 小会社 | 小会社 | 小会社 | 小会社 | 小会社 |
| 1株当たりの純資産価額（円） | 121,600 | 174,100 | 226,600 | 275,900 | 325,200 |
| 類似業種比準価額（円） | 42,580 | 52,400 | 63,320 | 72,420 | 82,620 |
| 1株当たりの株価（千円） | 82 | 113 | 145 | 174 | 204 |
| 相続税評価額（千円） | 8,209 | 11,325 | 14,496 | 17,416 | 20,391 |

　事業開始から3年までは，「開業後3年未満の会社」に該当するため，純資産価額により株価を算定します（評基通189）。開業後4年目以降は，従業員数0人（役員は含めない），直前期末の総資産価額が5,000万円未満，かつ直前期

*118*

末以前1年間の取引金額が8,000万円未満のため，評価上の会社規模は「小会社」に該当し，「類似業種比準価額×0.5＋純資産価額×0.5」の折衷方法により算出した価額と純資産価額とのいずれか低い価額で評価をすることになります。類似業種比準価額は事業内容が類似する上場株式の株価に比準して評価額を算定するため，一般的に純資産価額より評価額が下がる傾向があります。本シミュレーションにおいても「開業後3年未満の会社」の評価から「小会社」の評価に切り替わる4年目で株価が一旦下落します。ただし，年数の経過に伴い，法人に利益が蓄積されていくため，評価額は上昇していきます。

不動産管理委託方式と比べると，サブリース方式は法人の収入額が増える分，株価とその上昇率も高くなります。

## (2) 相続税額の推移

(1)で算出をした株価の推移を基に，個人の相続財産の額と相続税額がどのように変化していくのかをシミュレーションします。

### 前提条件

(単位：千円)

| | | |
|---|---|---|
| 現預金 | 100,000 | 相続税の試算上，初年度に個人が所有する現預金 |
| 土地の相続税評価額 | 98,400 | 自用地評価：土地の時価150,000千円×80％＝120,000千円<br>貸家建付地評価：120,000千円×（1－0.6×0.3）＝98,400千円（借地権割合60％と仮定） |
| 小規模宅地等の特例 | －49,200 | 貸付事業用宅地等の適用ありと仮定し50％減額 |
| 建物の相続税評価額 | 貸家評価 | 固定資産税評価額×（1－借家権割合30％） |
| 法定相続人 | 3人 | 相続人は配偶者と子2人 |
| 相続財産の取得割合 | 法定相続分 | 法定相続分に従い財産を取得と仮定，配偶者の税額軽減を適用 |

第4章　各方式と相続税の推移　　*119*

（単位：千円）

| 相続財産の種類 | 事業前 | 事業開始後 | | | | | | |
|---|---|---|---|---|---|---|---|---|
| | | 初年度 | 5年目 | 10年目 | 15年目 | 20年目 | 25年目 | 30年目 |
| 現預金 | 100,000 | 100,000 | 100,000 | 100,000 | 100,000 | 100,000 | 100,000 | 100,000 |
| 不動産投資によるCFの蓄積 | | 5,633 | 23,426 | 44,766 | 63,365 | 81,499 | 96,791 | 111,479 |
| 出資 | | −1,000 | | | | | | |
| 土地 | 120,000 | 98,400 | 98,400 | 98,400 | 98,400 | 98,400 | 98,400 | 98,400 |
| 小規模宅地等の特例 | 0 | −49,200 | −49,200 | −49,200 | −49,200 | −49,200 | −49,200 | −49,200 |
| 建物 | 0 | 63,000 | 44,100 | 40,786 | 39,129 | 35,809 | 32,495 | 30,839 |
| 有価証券（非上場株式） | 0 | 2,116 | 4,837 | 8,209 | 11,325 | 14,496 | 17,416 | 20,391 |
| 借入金 | 0 | −154,771 | −137,207 | −113,718 | −88,401 | −61,113 | −31,701 | 0 |
| 純資産価額 | 220,000 | 64,178 | 84,356 | 129,243 | 174,618 | 219,892 | 264,201 | 311,908 |
| 基礎控除 | −48,000 | −48,000 | −48,000 | −48,000 | −48,000 | −48,000 | −48,000 | −48,000 |
| 課税遺産総額 | 172,000 | 16,178 | 36,356 | 81,243 | 126,618 | 171,892 | 216,201 | 263,908 |
| 相続税の総額 | 16,000 | 809 | 2,022 | 5,609 | 10,327 | 15,986 | 22,335 | 30,684 |

　土地，建物，小規模宅地等の特例，借入金額については，個人で事業を営む場合や不動産管理委託方式の場合と同様の評価額となります。個人の現預金の蓄積額は法人化しない場合や不動産管理委託方式の場合より減少します。一方，非上場株式は不動産管理委託方式よりも評価額が高くなります。

**【事業をしなかった場合と借入れにより不動産管理方式で事業を開始して30年後の相続税額の比較】**

（単位：千円）

| 相続財産の種類 | 事業開始前の相続税額 | | | | 事業開始30年後 | | | |
|---|---|---|---|---|---|---|---|---|
| | 各人の合計 | 配偶者 1/2 | 長男 1/4 | 長女 1/4 | 各人の合計 | 配偶者 1/2 | 長男 1/4 | 長女 1/4 |
| 現預金 | 100,000 | 50,000 | 25,000 | 25,000 | 100,000 | 50,000 | 25,000 | 25,000 |
| 不動産投資の蓄積CF | 0 | 0 | 0 | 0 | 111,479 | 55,739 | 27,870 | 27,870 |
| 土地 | 120,000 | 60,000 | 30,000 | 30,000 | 98,400 | 49,200 | 24,600 | 24,600 |
| 小規模宅地等の特例 | 0 | 0 | 0 | 0 | −49,200 | −24,600 | −12,300 | −12,300 |
| 建物 | 0 | 0 | 0 | 0 | 30,839 | 15,419 | 7,710 | 7,710 |
| 有価証券（非上場株式） | 0 | 0 | 0 | 0 | 20,391 | 10,196 | 5,098 | 5,098 |

120

| 相続財産　合計 | 220,000 | 110,000 | 55,000 | 55,000 | 311,908 | 155,954 | 77,977 | 77,977 |
|---|---|---|---|---|---|---|---|---|
| 借入金 | 0 | 0 | 0 | 0 | 0 | 0 | 0 | 0 |
| 債務・葬式費用　合計 | 0 | 0 | 0 | 0 | 0 | 0 | 0 | 0 |
| 課税価格 | 220,000 | 110,000 | 55,000 | 55,000 | 311,908 | 155,954 | 77,977 | 77,977 |
| 取得割合 | 1 | 0.5 | 0.25 | 0.25 | 1 | 0.5 | 0.25 | 0.25 |
| 相続人数・法定相続分 | 3 | 1/2 | 1/4 | 1/4 | 3 | 1/2 | 1/4 | 1/4 |
| 基礎控除額 | −48,000 | | | | −48,000 | | | |
| 課税遺産総額 | 172,000 | 86,000 | 43,000 | 43,000 | 263,908 | 131,954 | 65,977 | 65,977 |
| 相続税の総額 | 32,000 | 18,800 | 6,600 | 6,600 | 61,368 | 35,782 | 12,793 | 12,793 |
| 各人の按分割合 | 1 | 0.5 | 0.25 | 0.25 | 1 | 0.5 | 0.25 | 0.25 |
| 各人の算出税額 | 32,000 | 16,000 | 8,000 | 8,000 | 61,368 | 30,684 | 15,342 | 15,342 |
| 配偶者の税額軽減額 | 16,000 | 16,000 | | | 30,684 | 30,684 | | |
| 各人の納付税額 | 16,000 | 0 | 8,000 | 8,000 | 30,684 | 0 | 15,342 | 15,342 |

　相続開始後30年目では借入金の完済等により，不動産賃貸業を開始しなかった場合よりも，14,684千円程度相続税の負担が増えることになります。ただし，家賃収入の蓄積により，現預金額が111,479千円ほど増加するため，相続税支払後の現預金額は事業開始前よりも増加することになります。

(単位：千円)

| | 事業前 | 事業開始後 | | | | | | |
|---|---|---|---|---|---|---|---|---|
| | | 初年度 | 5年目 | 10年目 | 15年目 | 20年目 | 25年目 | 30年目 |
| 相続税の総額 | 16,000 | 809 | 2,022 | 5,609 | 10,327 | 15,986 | 22,335 | 30,684 |
| 相続税支払い後の手残りキャッシュ | 84,000 | 103,824 | 121,403 | 139,157 | 153,037 | 165,513 | 174,456 | 180,795 |

## (3) 個人事業主と不動産管理委託方式とサブリース方式の相続税の比較

(単位：千円)

| 形態 | 事業前 | 事業開始後 | | | | | | |
|---|---|---|---|---|---|---|---|---|
| | | 初年度 | 5年目 | 10年目 | 15年目 | 20年目 | 25年目 | 30年目 |
| 個人事業主 | | 784 | 1,853 | 5,252 | 9,665 | 15,163 | 20,979 | 29,108 |
| 管理委託方式 | 16,000 | 818 | 2,045 | 5,703 | 10,554 | 16,299 | 22,893 | 31,344 |
| サブリース方式 | | 809 | 2,022 | 5,609 | 10,327 | 15,986 | 22,335 | 30,684 |

　個人事業主の場合と不動産管理委託方式により法人化をする場合を比べると，個人事業主の場合は外部に流出していた管理料が不動産管理会社に蓄積される分だけ，後者の方が相続税額は増加することが分かります。

　次に，不動産管理委託方式により法人化する場合とサブリース方式により法人化する場合を比べると，所得の10％相当分が法人に分散される効果により，サブリース方式の方が相続税額が圧縮されることが分かります。

　ただし，3つの方式を比較しても相続税額に大きな差異は生じないことが確認できます。

# 3　まとめ

## (1) 所得税・法人税

○　サブリース契約により家賃収入が1割程度法人へ分散されるものの，依然として個人への帰属が大半を占めるため，個人の所得税率は高い水準のままである。

## (2) 相続税

○　「個人」が借入れを行うため，借入金による相続財産の圧縮効果が高い。

○　法人化をしても土地・建物は個人所有のため，土地・建物の相続財産評価

上の減額や小規模宅地等の特例の適用による減額をすることができ，個人の
不動産の相続税評価額が圧縮される。

○ キャッシュの多くが個人に蓄積されるため，事業年数の経過とともに個人
の現預金が増え，相続税額が高くなる。

○ 事業開始から一定期間を経過するまで（借入金の残高＋不動産の圧縮効果
＞キャッシュの蓄積額＋非上場株式の株価）は不動産賃貸業を行わない場合
よりも相続税を低く抑えることができる。

○ 一定期間経過後（借入金の残高＋不動産の圧縮効果＜キャッシュの蓄積額
＋非上場株式の株価）は不動産賃貸業を行った方が相続税の負担は増加する
が，現預金額も増加するため，相続税を支払っても手元に残るキャッシュは
事業開始前よりも増加することになる。

○ 相続財産に不動産管理会社の株式が計上されるため，個人事業主の場合よ
り相続税額が高くなる可能性がある。

## シミュレーション 10
## 不動産所有方式のキャッシュフローと相続税の推移

**シミュレーション内容**

不動産管理会社が借入金を元手に個人が所有する土地の上に賃貸用建物を新築し，個人に地代を支払う「不動産所有方式」のキャッシュフローと相続税の推移をシミュレーションします。

賃貸用不動産の管理運用方法は，一般的に以下の4つの方法が考えられます。

①個人が「個人事業主」として不動産賃貸業を行う→ シミュレーション7
②不動産管理会社に管理料を支払う「不動産管理委託方式」
　→ シミュレーション8
③不動産管理会社へ転貸する「サブリース方式」→ シミュレーション9
④建物を法人が所有する「不動産所有方式」→ シミュレーション10

本事例では，不動産所有方式について，個人へ支払う地代がない場合と固定資産税相当額の3倍の地代を支払う場合の2つのパターンに分けて，所有期間中のキャッシュフローと相続税額の推移についてシミュレーションを行います。

## 1　地代の支払がない場合

本シミュレーションの前提条件は以下のとおりです。

① 土地は個人が従来から所有。

② 個人は出資金1,000千円で不動産管理会社を設立。

③ 不動産管理会社は借入を元手に新たに賃貸物件を建築し，賃借人から家賃収入を得る。

④ 土地の無償返還に関する届出書を提出し，不動産管理会社から個人への地代の支払はなし（使用貸借）。

## 前提条件

### 【個人のシミュレーション前提】

（単位：千円）

| 土地時価 | 150,000 | 個人が元々所有していた土地 |
|---|---|---|
| 年間地代収入 | 0 | 受取地代なし（使用貸借） |
| 土地　固定資産税等 | 350 | 固定資産税・都市計画税合計 |
| その他諸経費 | 0 | 経費なし |

### 【法人のシミュレーション前提】

（単位：千円）

| 建物時価 | 150,000 | 新築，４階建て居住用アパート，住戸数12戸 |
|---|---|---|
| 年間家賃収入 | 18,000 | 経年により11～20年目は当初家賃収入の95%，21～30年目は90%に減少すると仮定 |
| 建物　固定資産税等 | 1,530 | 固定資産税・都市計画税合計，初年度を基準年度とし経年による税額の減少を反映 |
| 減価償却費 | 3,300 | 鉄筋コンクリート造，住宅用，耐用年数47年，定額法 |
| 税理士報酬 | 500 | 確定申告報酬 |
| 管理料 | 900 | 家賃収入の５%を支払う |
| 修繕費 | 810 | 家賃収入の4.5%と仮定 |
| 地代 | 0 | 個人への地代の支払なし |
| その他諸経費 | 1,260 | 家賃収入の７%と仮定 |
| 初期投資費用 | 9,000 | 初年度は初期投資費用として物件価額の６%を加算 |
| 借入金 | 159,000 | 年利率1.5%，返済期間30年，元利均等返済 |

（※）社会保険料は未考慮とする。

第４章　各方式と相続税の推移　125

## (1) キャッシュフローと税負担の推移

　まず，賃貸不動産新築時から30年経過時までの各年の個人の税額とキャッシュフローを確認します。

### ① 個人の初年度〜30年目のキャッシュフロー

(単位：千円)

<table>
<tr><td rowspan="2" colspan="2">個人</td><td colspan="7">不動産所有方式（地代なし）</td></tr>
<tr><td>初年度</td><td>5年目</td><td>10年目</td><td>15年目</td><td>20年目</td><td>25年目</td><td>30年目</td></tr>
<tr><td colspan="2">不動産収入</td><td></td><td></td><td></td><td></td><td></td><td></td><td></td></tr>
<tr><td></td><td>土地固定資産税等</td><td>350</td><td>350</td><td>350</td><td>350</td><td>350</td><td>350</td><td>350</td></tr>
<tr><td></td><td>税理士報酬</td><td></td><td></td><td></td><td></td><td></td><td></td><td></td></tr>
<tr><td></td><td>その他諸経費</td><td></td><td></td><td></td><td></td><td></td><td></td><td></td></tr>
<tr><td></td><td>青色申告特別控除</td><td></td><td></td><td></td><td></td><td></td><td></td><td></td></tr>
<tr><td></td><td>不動産経費計</td><td>350</td><td>350</td><td>350</td><td>350</td><td>350</td><td>350</td><td>350</td></tr>
<tr><td colspan="2">所得控除</td><td>480</td><td>480</td><td>480</td><td>480</td><td>480</td><td>480</td><td>480</td></tr>
<tr><td colspan="2">所得合計</td><td>0</td><td>0</td><td>0</td><td>0</td><td>0</td><td>0</td><td>0</td></tr>
<tr><td rowspan="4">各種税額</td><td>所得税</td><td>0</td><td>0</td><td>0</td><td>0</td><td>0</td><td>0</td><td>0</td></tr>
<tr><td>復興税</td><td>0</td><td>0</td><td>0</td><td>0</td><td>0</td><td>0</td><td>0</td></tr>
<tr><td>住民税</td><td>0</td><td>0</td><td>0</td><td>0</td><td>0</td><td>0</td><td>0</td></tr>
<tr><td>事業税</td><td>0</td><td>0</td><td>0</td><td>0</td><td>0</td><td>0</td><td>0</td></tr>
<tr><td colspan="2">税額合計</td><td>0</td><td>0</td><td>0</td><td>0</td><td>0</td><td>0</td><td>0</td></tr>
</table>

<table>
<tr><td>個人CF</td><td>−350</td><td>−350</td><td>−350</td><td>−350</td><td>−350</td><td>−350</td><td>−350</td></tr>
<tr><td>個人CF累計</td><td>−350</td><td>−1,750</td><td>−3,500</td><td>−5,250</td><td>−7,000</td><td>−8,750</td><td>−10,500</td></tr>
</table>

　地代の収受がない場合，個人には不動産所得が生じず，所得税等の負担はありません。キャッシュフローも土地の固定資産税相続額分が毎年マイナスになるシミュレーションとなります。

### ② 不動産管理会社の初年度〜30年目のキャッシュフロー

　次に不動産管理会社のキャッシュフローを確認します。

## 【法人の初年度〜5年目までのキャッシュフロー】

(単位：千円)

| 法人 | | 不動産所有方式（地代なし） | | | | |
|---|---|---|---|---|---|---|
| | | 初年度 | 2年目 | 3年目 | 4年目 | 5年目 |
| 不動産収入 | | 18,000 | 18,000 | 18,000 | 18,000 | 18,000 |
| | 役員報酬 | | | | | |
| | 建物固定資産税等 | 1,530 | 1,530 | 1,530 | 1,071 | 1,071 |
| | 減価償却費 | 3,300 | 3,300 | 3,300 | 3,300 | 3,300 |
| | 税理士報酬 | 500 | 500 | 500 | 500 | 500 |
| | 支払利息 | 2,164 | 2,292 | 2,227 | 2,161 | 2,095 |
| | 管理料 | 900 | 900 | 900 | 900 | 900 |
| | 修繕費 | 810 | 810 | 810 | 810 | 810 |
| | 地代家賃 | | | | | |
| | その他諸経費 | 10,260 | 1,260 | 1,260 | 1,260 | 1,260 |
| 不動産経費計 | | 19,464 | 10,592 | 10,527 | 10,002 | 9,936 |
| 所得合計 | | −1,464 | 7,408 | 7,473 | 7,998 | 8,064 |
| 繰越欠損金控除額 | | 0 | 1,464 | 0 | 0 | 0 |
| 繰越欠損金残高 | | −1,464 | 0 | 0 | 0 | 0 |
| 各種税額 | 法人税 | 0 | 892 | 1,121 | 1,200 | 1,215 |
| | 地方法人税 | 0 | 91 | 115 | 123 | 125 |
| | 均等割 | 70 | 70 | 70 | 70 | 70 |
| | 法人税割 | 0 | 62 | 78 | 83 | 85 |
| | 事業税 | 0 | 243 | 324 | 352 | 357 |
| | 特別法人事業税 | 0 | 89 | 119 | 130 | 131 |
| | 消費税 | 0 | 0 | 0 | 0 | 0 |
| 税額合計 | | 70 | 1,447 | 1,827 | 1,957 | 1,982 |
| 個人＋法人税額合計 | | 70 | 1,447 | 1,827 | 1,957 | 1,982 |
| 借入金返済元本 | | 4,229 | 4,293 | 4,358 | 4,423 | 4,490 |

第4章　各方式と相続税の推移　*127*

| | | | | | |
|---|---|---|---|---|---|
| 法人CF | 6,537 | 4,968 | 4,588 | 4,917 | 4,892 |
| 法人CF累計 | 6,537 | 11,506 | 16,094 | 21,011 | 25,902 |
| | | | | | |
| 個人+法人合計CF | 6,187 | 4,618 | 4,238 | 4,567 | 4,542 |
| 個人+法人合計CF累計 | 6,187 | 10,806 | 15,044 | 19,611 | 24,152 |

　建物の建築時には，不動産取得税，抵当権設定費用等の初期投資費用が9,000千円かかることから，事業開始年度は赤字が発生することが見込まれます。法人税法では欠損金は10年間の繰越しが認められています（法法57）。本シミュレーションでは初年度に繰り越された欠損金が２年目の所得と相殺され，２年目の税金の負担が減少することになります。

### 【法人の10年目～30年目までのキャッシュフロー】

（単位：千円）

| 法人 | | 不動産所有方式（地代なし） | | | | |
|---|---|---|---|---|---|---|
| | | 10年目 | 15年目 | 20年目 | 25年目 | 30年目 |
| 不動産収入 | | 18,000 | 17,100 | 17,100 | 16,200 | 16,200 |
| | 役員報酬 | | | | | |
| | 建物固定資産税等 | 990 | 950 | 870 | 789 | 749 |
| | 減価償却費 | 3,300 | 3,300 | 3,300 | 3,300 | 3,300 |
| | 税理士報酬 | 500 | 500 | 500 | 500 | 500 |
| | 支払利息 | 1,745 | 1,368 | 962 | 525 | 53 |
| | 管理料 | 900 | 855 | 855 | 810 | 810 |
| | 修繕費 | 810 | 770 | 770 | 729 | 729 |
| | 地代家賃 | | | | | |
| | その他諸経費 | 1,260 | 1,197 | 1,197 | 1,134 | 1,134 |
| 不動産経費計 | | 9,506 | 8,940 | 8,453 | 7,787 | 7,275 |
| 所得合計 | | 8,494 | 8,160 | 8,647 | 8,413 | 8,925 |
| 繰越欠損金控除額 | | 0 | 0 | 0 | 0 | 0 |
| 繰越欠損金残高 | | 0 | 0 | 0 | 0 | 0 |

| | | | | | | |
|---|---|---|---|---|---|---|
| 各種税額 | 法人税 | 1,315 | 1,237 | 1,350 | 1,296 | 1,415 |
| | 地方法人税 | 135 | 127 | 139 | 133 | 145 |
| | 均等割 | 70 | 70 | 70 | 70 | 70 |
| | 法人税割 | 92 | 86 | 94 | 90 | 99 |
| | 事業税 | 387 | 363 | 397 | 381 | 417 |
| | 特別法人事業税 | 143 | 134 | 146 | 140 | 154 |
| | 消費税 | 0 | 0 | 0 | 0 | 0 |
| | 税額合計 | 2,141 | 2,017 | 2,196 | 2,110 | 2,299 |
| | 個人+法人税額合計 | 2,141 | 2,017 | 2,196 | 2,110 | 2,299 |

| | | | | | |
|---|---|---|---|---|---|
| 借入金返済元本 | 4,840 | 5,216 | 5,622 | 6,060 | 6,532 |

| | | | | | |
|---|---|---|---|---|---|
| 法人CF | 4,813 | 4,226 | 4,128 | 3,543 | 3,394 |
| 法人CF累計 | 50,106 | 71,433 | 92,297 | 110,209 | 127,483 |

| | | | | | |
|---|---|---|---|---|---|
| 個人+法人合計CF | 4,463 | 3,876 | 3,778 | 3,193 | 3,044 |
| 個人+法人合計CF累計 | 46,606 | 66,183 | 85,297 | 101,459 | 116,983 |

　10年目以降のシミュレーションでは，建物の経年劣化による家賃収入の減少をキャッシュフローに反映しています。一般的に築年数の経過とともに家賃収入は減少する傾向にあるため，本シミュレーションにおいても，11年目以降の年間家賃収入は当初の賃料収入の95％に，21年目以降は90％に減少するものと仮定しています。

　 シミュレーション7〜9 の法人化をしない場合，不動産管理委託方式の場合，サブリース方式の場合とキャッシュフローを比較すると，不動産所有方式（地代なし）の場合は，家賃収入の全てを法人に蓄積することができることが分かります。


## (2)　不動産所有方式（地代なし）の相続財産額と相続税額の推移

### ①　不動産管理会社の株価の推移

　ここからは，「不動産所有方式」により法人化した場合の相続税の推移の試

算を行います。まずは，不動産管理会社の株価の推移をシミュレーションします。

| 前提条件 | | |
|---|---|---|
| 類似業種の株価 | 364円 | 類似業種は大分類不動産業（No.92），中分類物品賃貸業（No.94）を採用 |
| 資本金 | 1,000千円 | 個人が出資 |
| 配当金 | 0円 | 設立以降，配当金の支払はなし |
| 役員数 | 1人 | 代表取締役1名のみ，役員報酬の支払なし |
| 従業員数 | 0人 | 代表取締役1人のみ |
| 会社規模 | 小会社 | |
| 発行済株式数 | 100株 | |

### 【初年度～5年目の株価の推移】

（単位：千円）

| | 事業開始後 | | | | |
|---|---|---|---|---|---|
| | 初年度 | 2年目 | 3年目 | 4年目 | 5年目 |
| 株価評価方法 | 開業後3年未満の会社 | 開業後3年未満の会社 | 開業後3年未満の会社 | 小会社 | 小会社 |
| 1株当たりの純資産価額（円） | 0 | 0 | 0 | 0 | 0 |
| 類似業種比準価額（円） | － | － | － | 123,760 | 139,760 |
| 1株当たりの株価（千円） | 0 | 0 | 0 | 0 | 0 |
| 相続税評価額（千円） | 0 | 0 | 0 | 0 | 0 |

### 【6年目～30年目までの株価の推移】

（単位：千円）

| | 事業開始後 | | | | |
|---|---|---|---|---|---|
| | 10年目 | 15年目 | 20年目 | 25年目 | 30年目 |
| 株価評価方法 | 小会社 | 小会社 | 小会社 | 小会社 | 小会社 |
| 1株当たりの純資産価額（円） | 0 | 231,613 | 679,939 | 1,120,033 | 1,593,211 |
| 類似業種比準価額（円） | 209,300 | 268,260 | 339,600 | 400,760 | 473,920 |
| 1株当たりの株価（千円） | 0 | 232 | 510 | 760 | 1,034 |

| 相続税評価額（千円） | 0 | 23,161 | 50,977 | 76,040 | 103,357 |
|---|---|---|---|---|---|

　事業開始から 3 年目までは，「開業後 3 年未満の会社」に該当するため純資産価額により株価を算定します（評基通189）。開業後 4 年目以降は，従業員数 0 人（役員は含めない），直前期末の総資産価額が5,000万円未満かつ直前期末以前 1 年間の取引金額が8,000万円未満のため，株価評価上の会社規模は「小会社」に該当し，「類似業種比準価額×0.5 ＋純資産価額×0.5」の折衷方法により算出された価額と純資産価額とのいずれか低い価額で評価を行います（評基通178，179）。

　不動産管理会社の初年度の株価は，開業後 3 年未満の法人に当たるため純資産価額で下記のように評価を行います。

**【純資産価額（1年目）】**

| 相続税評価額 | | | 帳簿価額 | | |
|---|---|---|---|---|---|
| ① | ② | ③ | ④ | ⑤ | ⑥ |
| 資産の部 | 負債の部 | 純資産価額<br>①－② | 資産の部 | 負債の部 | 純資産価額<br>④－⑤ |
| 112,607千円 | 154,841千円 | －42,234千円 | 154,307千円 | 154,841千円 | －534千円 |

| ⑦ | ⑧ | ⑨ | ⑩ | ⑪ |
|---|---|---|---|---|
| 評価差額<br>③－⑥ | 評価差額に<br>対する法人税<br>⑦×37% | 純資産価額<br>③－⑧ | 発行済株式数 | 1 株当たり純資産価額<br>⑨÷⑩ |
| 0 千円 | 0 千円 | －42,234千円 | 100株 | **0 円** |

　開業後 4 年目以降は，小会社方式で株価を算定するため，「純資産価額」か「類似業種比準価額×0.5 ＋純資産価額×0.5」のいずれか低い価額が評価額となります。4 年目の不動産管理会社の類似業種比準価額，純資産価額は下記のように算出します。

(a)　類似業種の株価は基準日以前 3 か月間の各月及び基準月以前 2 年間の平均株価，前年平均株価のうち最も低いものを採用します。今回の事例では，課税時期を令和 5 年 8 月として業種目「No.92」の不動産業，物品賃貸業の株

第4章　各方式と相続税の推移　*131*

価「364円」を採用しています。
(b) 比準割合は下記の算式で算定します。今回は業種目「No.92」の不動産業, 物品賃貸業の比準要素により算出した「3.40」で算定しています。

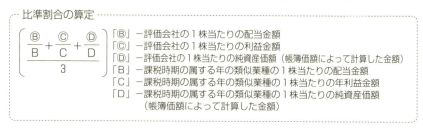

(c) 斟酌率は大会社0.7, 中会社0.6, 小会社0.5となります。本事例の不動産管理会社は小会社に当たるため0.5を乗じます。
(d) 1株当たりの資本金等の額

**【類似業種比準価額（4年目）】**

| 類似業種の株価 (a) | × | 比準割合 (b) | × | 斟酌率 (c) | × | 1株当たりの資本金等の額÷50円 (d) | = | 類似業種比準価格 |
|---|---|---|---|---|---|---|---|---|
| 364円 | | 3.40 | | 0.5 | | 200円 | | 123,760円 |

**【純資産価額（4年目）】**

| 相続税評価額 ||| 帳簿価額 |||
|---|---|---|---|---|---|
| ① | ② | ③ | ④ | ⑤ | ⑥ |
| 資産の部 | 負債の部 | 純資産価額 ①−② | 資産の部 | 負債の部 | 純資産価額 ④−⑤ |
| 68,068千円 | 143,654千円 | −75,586千円 | 160,768千円 | 143,654千円 | 17,114千円 |

| ⑦ | ⑧ | ⑨ | ⑩ | ⑪ |
|---|---|---|---|---|
| 評価差額<br>③−⑥ | 評価差額に<br>対する法人税<br>⑦×37% | 純資産価額<br>③−⑧ | 発行済株式数 | 1株当たり純資産価額<br>⑨÷⑩ |
| 0千円 | 0千円 | −75,586千円 | 100株 | **0円** |

【株価（4年目）】

① 純資産価額 0円

② 類似業種比準価額123,760円×0.5＋純資産価額 0円×0.5＝61,880円

③ ①＜② ∴ 0円

　純資産価額の計算上，法人が所有する建物は，取得後3年間は時価で評価を
し，4年目以降は固定資産税評価額で評価をすることになります。借入金残高
が多い期間は資産（不動産＋キャッシュ）よりも負債の方が多くなるため，純
資産価額は0円となります。本事例では，不動産取得後12年目までは株価は0
のまま推移します。13年目以降は利益の蓄積により純資産価額がプラスとなり，
その後毎年評価額が上昇していきます。

## ②　相続税額の推移

　①で算出をした株価を基に，不動産所有方式の場合の個人の相続財産の額と
相続税額がどのように変化していくのかをシミュレーションします。

### 前提条件

（単位：千円）

| | | |
|---|---|---|
| 現預金 | 100,000 | 相続税の試算上，初年度に個人が所有する現預金 |
| 土地の相続税評価額 | 120,000 | 自用地評価：土地の時価150,000千円×80%<br>＝120,000千円 |
| 小規模宅地等の特例 | 適用なし | |
| 法定相続人 | 3人 | 相続人は配偶者と子2人 |

第4章　各方式と相続税の推移　*133*

| 相続財産の取得割合 | 法定相続分 | 法定相続分に従い財産を取得と仮定，配偶者の税額軽減を適用 |
|---|---|---|

（単位：千円）

| 相続財産の種類 | 事業前 | 事業開始後 | | | | | | |
|---|---|---|---|---|---|---|---|---|
| | | 初年度 | 5年目 | 10年目 | 15年目 | 20年目 | 25年目 | 30年目 |
| 現預金 | 100,000 | 100,000 | 100,000 | 100,000 | 100,000 | 100,000 | 100,000 | 100,000 |
| 不動産投資によるCFの蓄積 | | −350 | −1,750 | −3,500 | −5,250 | −7,000 | −8,750 | −10,500 |
| 出資 | | −1,000 | | | | | | |
| 土地 | 120,000 | 120,000 | 120,000 | 120,000 | 120,000 | 120,000 | 120,000 | 120,000 |
| 小規模宅地等の特例 | 0 | 0 | 0 | 0 | 0 | 0 | 0 | 0 |
| 建物 | 0 | 0 | 0 | 0 | 0 | 0 | 0 | 0 |
| 有価証券（非上場株式） | 0 | 0 | 0 | 0 | 23,161 | 50,977 | 76,040 | 103,357 |
| 借入金 | 0 | 0 | 0 | 0 | 0 | 0 | 0 | 0 |
| 純資産価額 | 220,000 | 218,650 | 218,250 | 216,500 | 237,911 | 263,977 | 287,290 | 312,856 |
| 基礎控除 | −48,000 | −48,000 | −48,000 | −48,000 | −48,000 | −48,000 | −48,000 | −48,000 |
| 課税遺産総額 | 172,000 | 170,650 | 170,250 | 168,500 | 189,911 | 215,977 | 239,290 | 264,856 |
| 相続税の総額 | 16,000 | 15,831 | 15,781 | 15,563 | 18,239 | 22,296 | 26,376 | 30,850 |

　個人は土地を無償で不動産管理会社に賃貸しているため，税務上の取扱いは使用貸借に当たります。使用貸借に係る土地について無償返還の届出書が提出されている場合，土地の相続税評価は，「自用地」としての価額（120,000千円）により評価します（評基通個別12「相当の地代を支払っている場合等の借地権等についての相続税及び贈与税の取扱いについて」）。また，使用貸借によるため貸付事業の用に供している土地に該当せず，小規模宅地の特例による土地の減額は見込めません（措法69の4）。そのため，非上場株式の評価額がゼロとなる期間は，不動産賃貸業を開始する前と後で相続税額に大差はなく，法人化による節税効果は生じません。家賃の蓄積により非上場株式の評価額が上昇し始めると，相続税額も上昇していきます。

**【事業を行わなかった場合と不動産所有方式（地代なし）の場合の30年後の相続税額の比較】**

(単位：千円)

| 相続財産の種類 | 事業開始前の相続税額 | | | | 事業開始後30年 | | | |
|---|---|---|---|---|---|---|---|---|
| | 各人の合計 | 配偶者 | 長男 | 長女 | 各人の合計 | 配偶者 | 長男 | 長女 |
| 現預金 | 100,000 | 50,000 | 25,000 | 25,000 | 100,000 | 50,000 | 25,000 | 25,000 |
| 不動産投資の蓄積CF | 0 | 0 | 0 | 0 | −10,500 | −5,250 | −2,625 | −2,625 |
| 土地 | 120,000 | 60,000 | 30,000 | 30,000 | 120,000 | 60,000 | 30,000 | 30,000 |
| 小規模宅地 | 0 | 0 | 0 | 0 | 0 | 0 | 0 | 0 |
| 建物 | 0 | 0 | 0 | 0 | 0 | 0 | 0 | 0 |
| 有価証券（非上場株式） | 0 | 0 | 0 | 0 | 103,357 | 51,678 | 25,839 | 25,839 |
| 相続財産　合計 | 220,000 | 110,000 | 55,000 | 55,000 | 312,856 | 156,428 | 78,214 | 78,214 |
| 借入金 | 0 | 0 | 0 | 0 | 0 | 0 | 0 | 0 |
| 債務・葬式費用　合計 | 0 | 0 | 0 | 0 | 0 | 0 | 0 | 0 |
| 課税価格 | 220,000 | 110,000 | 55,000 | 55,000 | 312,856 | 156,428 | 78,214 | 78,214 |
| 取得割合 | 1 | 0.5 | 0.25 | 0.25 | 1 | 0.5 | 0.25 | 0.25 |
| 相続人数・法定相続分 | 3 | 1/2 | 1/4 | 1/4 | 3 | 1/2 | 1/4 | 1/4 |
| 基礎控除額 | −48,000 | | | | −48,000 | | | |
| 課税遺産総額 | 172,000 | 86,000 | 43,000 | 43,000 | 264,856 | 132,428 | 66,214 | 66,214 |
| 相続税の総額 | 32,000 | 18,800 | 6,600 | 6,600 | 61,700 | 35,971 | 12,864 | 12,864 |
| 各人の按分割合 | 1 | 0.5 | 0.25 | 0.25 | 1 | 0.5 | 0.25 | 0.25 |
| 各人の算出税額 | 32,000 | 16,000 | 8,000 | 8,000 | 61,700 | 30,850 | 15,425 | 15,425 |
| 配偶者の税額軽減額 | 16,000 | 16,000 | | | 30,850 | 30,850 | | |
| 各人の納付税額 | 16,000 | 0 | 8,000 | 8,000 | 30,850 | 0 | 15,425 | 15,425 |

　事業開始後30年目には，不動産賃貸業を開始しなかった場合よりも，14,850千円程度相続税の負担が増加することが想定されます。ただし，家賃収入の蓄積により，相続税支払後の法人・個人合計の手元に残る現預金額は事業を行わない場合よりも増加することになります。

（単位：千円）

| | 事業前 | 事業開始後 | | | | | | |
|---|---|---|---|---|---|---|---|---|
| | | 初年度 | 5年目 | 10年目 | 15年目 | 20年目 | 25年目 | 30年目 |
| 相続税の総額 | 16,000 | 15,831 | 15,781 | 15,563 | 18,239 | 22,296 | 26,376 | 30,850 |
| 相続税支払い後の個人＋法人合計の手残りキャッシュ | 84,000 | 89,356 | 108,371 | 131,044 | 147,944 | 163,001 | 175,083 | 186,133 |

## 2　固定資産税相当額の3倍の地代を支払う場合

　ここからは，不動産管理会社が個人へ支払う地代の額を固定資産税相当額の3倍とした場合についてシミュレーションを行います。地代の支払額以外は，1と同様の前提に基づき試算を行います。

### 前提条件

#### 【個人のシミュレーション前提】

（単位：千円）

| 土地時価 | 150,000 | 個人が元々所有していた土地 |
|---|---|---|
| 年間地代収入 | 1,050 | 受取地代は土地固定資産税等の3倍 |
| 土地　固定資産税等 | 350 | 固定資産税・都市計画税合計 |
| 税理士報酬 | 150 | |
| その他諸経費 | 73 | 家賃収入の7％と仮定 |

#### 【法人のシミュレーション前提】

（単位：千円）

| 建物時価 | 150,000 | 新築，4階建て居住用アパート，住戸数12戸 |
|---|---|---|
| 年間家賃収入 | 18,000 | 経年により11〜20年目は当初家賃収入の95%，21〜30年目は90%に減少すると仮定 |
| 建物　固定資産税等 | 1,530 | 固定資産税・都市計画税合計，初年度を基準年度とし経年による税額の減少を反映 |
| 減価償却費 | 3,300 | 鉄筋コンクリート造，住宅用，耐用年数47年，定額法 |

136

| 税理士報酬 | 400 | 確定申告報酬 |
|---|---|---|
| 管理料 | 900 | 家賃収入の5％を支払う |
| 修繕費 | 810 | 家賃収入の4.5％と仮定 |
| 地代 | 1,050 | 土地所有者個人へ土地固定資産税等の3倍の地代を支払う |
| その他諸経費 | 1,186 | 収入から地代を差引いた額の7％と仮定 |
| 初期投資費用 | 9,000 | 初年度は初期投資費用として物件価額の6％を加算 |
| 借入金 | 159,000 | 年利率1.5％，返済期間30年，元利均等返済 |

（※）社会保険料は未考慮とする。

## (1) キャッシュフローと税負担の推移

　地代を土地の固定資産税相当額の3倍とした場合の30年経過時までの個人の税額とキャッシュフローは以下のとおりです。

### ① 個人の初年度～30年目のキャッシュフロー

（単位：千円）

| 個人 | | 不動産所有方式（地代：固定資産税3倍相当額） | | | | | | |
|---|---|---|---|---|---|---|---|---|
| | | 初年度 | 5年目 | 10年目 | 15年目 | 20年目 | 25年目 | 30年目 |
| 不動産収入 | | 1,050 | 1,050 | 1,050 | 1,050 | 1,050 | 1,050 | 1,050 |
| | 土地固定資産税等 | 350 | 350 | 350 | 350 | 350 | 350 | 350 |
| | 税理士報酬 | 150 | 150 | 150 | 150 | 150 | 150 | 150 |
| | その他諸経費 | 73 | 73 | 73 | 73 | 73 | 73 | 73 |
| | 青色申告特別控除 | 100 | 100 | 100 | 100 | 100 | 100 | 100 |
| 不動産経費計 | | 673 | 673 | 673 | 673 | 673 | 673 | 673 |
| 不動産所得 | | 377 | 377 | 377 | 377 | 377 | 377 | 377 |
| 所得控除 | | 480 | 480 | 480 | 480 | 480 | 480 | 480 |
| 所得合計 | | 0 | 0 | 0 | 0 | 0 | 0 | 0 |

| | | | | | | | | |
|---|---|---|---|---|---|---|---|---|
| 各種税額 | 所得税 | 0 | 0 | 0 | 0 | 0 | 0 | 0 |
| | 復興税 | 0 | 0 | 0 | 0 | 0 | 0 | 0 |
| | 住民税 | 0 | 0 | 0 | 0 | 0 | 0 | 0 |
| | 事業税 | 0 | 0 | 0 | 0 | 0 | 0 | 0 |
| 税額合計 | | 0 | 0 | 0 | 0 | 0 | 0 | 0 |

| | | | | | | | |
|---|---|---|---|---|---|---|---|
| 個人CF | 477 | 477 | 477 | 477 | 477 | 477 | 477 |
| 個人CF累計 | 477 | 2,385 | 4,770 | 7,155 | 9,540 | 11,925 | 14,310 |

　個人は，固定資産税相当額の3倍の地代を収受するため不動産所得が発生します。青色申告の特別控除による10万円の控除（措法25の2①）も可能となります。諸経費や所得控除を考慮すると所得は発生しません。また，キャッシュフローは年間477千円のプラスとなります。

## ② 不動産管理会社の初年度～30年目のキャッシュフロー

　次に地代の支払を固定資産税相当額の3倍にした場合の不動産管理会社のキャッシュフローを確認します。

### 【法人の初年度～5年目までのキャッシュフロー】

(単位：千円)

| 法人 | | 不動産所有方式（地代：固定資産税3倍相当額） | | | | |
|---|---|---|---|---|---|---|
| | | 初年度 | 2年目 | 3年目 | 4年目 | 5年目 |
| 不動産収入 | | 18,000 | 18,000 | 18,000 | 18,000 | 18,000 |
| | 建物固定資産税等 | 1,530 | 1,530 | 1,530 | 1,071 | 1,071 |
| | 減価償却費 | 3,300 | 3,300 | 3,300 | 3,300 | 3,300 |
| | 税理士報酬 | 400 | 400 | 400 | 400 | 400 |
| | 支払利息 | 2,164 | 2,292 | 2,227 | 2,161 | 2,095 |
| | 管理料 | 900 | 900 | 900 | 900 | 900 |
| | 修繕費 | 810 | 810 | 810 | 810 | 810 |
| | 地代 | 1,050 | 1,050 | 1,050 | 1,050 | 1,050 |

| | | | | | | |
|---|---|---|---|---|---|---|
| | その他諸経費 | 10,186 | 1,186 | 1,186 | 1,186 | 1,186 |
| | 不動産経費計 | 20,340 | 11,468 | 11,403 | 10,878 | 10,812 |
| | 所得合計 | −2,340 | 6,532 | 6,597 | 7,122 | 7,188 |
| | 繰越欠損金控除額 | 0 | 2,340 | 0 | 0 | 0 |
| | 繰越欠損金残高 | −2,340 | 0 | 0 | 0 | 0 |
| 各種税額 | 法人税 | 0 | 629 | 990 | 1,068 | 1,078 |
| | 地方法人税 | 0 | 64 | 101 | 110 | 111 |
| | 均等割 | 70 | 70 | 70 | 70 | 70 |
| | 法人税割 | 0 | 44 | 69 | 74 | 75 |
| | 事業税 | 0 | 150 | 278 | 305 | 309 |
| | 特別法人事業税 | 0 | 55 | 102 | 113 | 114 |
| | 消費税 | 0 | 0 | 0 | 0 | 0 |
| | 税額合計 | 70 | 1,012 | 1,609 | 1,741 | 1,757 |
| | 個人＋法人税額合計 | 70 | 1,012 | 1,609 | 1,741 | 1,757 |

| | | | | | |
|---|---|---|---|---|---|
| 借入金返済元本 | 4,229 | 4,293 | 4,358 | 4,423 | 4,490 |

| | | | | | |
|---|---|---|---|---|---|
| 法人CF | 5,661 | 4,527 | 3,930 | 4,257 | 4,241 |
| 法人CF累計 | 5,661 | 10,188 | 14,118 | 18,376 | 22,617 |

| | | | | | |
|---|---|---|---|---|---|
| 個人＋法人合計CF | 6,138 | 5,004 | 4,407 | 4,734 | 4,718 |
| 個人＋法人合計CF累計 | 6,138 | 11,142 | 15,549 | 20,284 | 25,002 |

**【法人の10年目〜30年目までのキャッシュフロー】**

(単位：千円)

| 法人 | | 不動産所有方式（地代：固定資産税3倍相当額） | | | | |
|---|---|---|---|---|---|---|
| | | 10年目 | 15年目 | 20年目 | 25年目 | 30年目 |
| 不動産収入 | | 18,000 | 17,100 | 17,100 | 16,200 | 16,200 |
| | 建物固定資産税等 | 990 | 950 | 870 | 789 | 749 |
| | 減価償却費 | 3,300 | 3,300 | 3,300 | 3,300 | 3,300 |
| | 税理士報酬 | 400 | 400 | 400 | 400 | 400 |

| | | | | | | |
|---|---|---|---|---|---|---|
| | 支払利息 | 1,745 | 1,368 | 962 | 525 | 53 |
| | 管理料 | 900 | 855 | 855 | 810 | 810 |
| | 修繕費 | 810 | 770 | 770 | 729 | 729 |
| | 地代 | 1,050 | 1,050 | 1,050 | 1,050 | 1,050 |
| | その他諸経費 | 1,186 | 1,123 | 1,123 | 1,060 | 1,060 |
| | 不動産経費計 | 10,382 | 9,816 | 9,329 | 8,663 | 8,151 |
| | 所得合計 | 7,618 | 7,284 | 7,771 | 7,537 | 8,049 |
| | 繰越欠損金控除額 | 0 | 0 | 0 | 0 | 0 |
| | 繰越欠損金残高 | 0 | 0 | 0 | 0 | 0 |
| 各種税額 | 法人税 | 1,143 | 1,093 | 1,166 | 1,131 | 1,211 |
| | 地方法人税 | 117 | 112 | 120 | 116 | 124 |
| | 均等割 | 70 | 70 | 70 | 70 | 70 |
| | 法人税割 | 79 | 76 | 81 | 79 | 84 |
| | 事業税 | 332 | 314 | 340 | 327 | 355 |
| | 特別法人事業税 | 122 | 116 | 125 | 121 | 131 |
| | 消費税 | 0 | 0 | 0 | 0 | 0 |
| | 税額合計 | 1,863 | 1,781 | 1,901 | 1,844 | 1,976 |
| | 個人+法人税額合計 | 1,863 | 1,781 | 1,901 | 1,844 | 1,976 |

| | | | | | |
|---|---|---|---|---|---|
| 借入金返済元本 | 4,840 | 5,216 | 5,622 | 6,060 | 6,532 |

| | | | | | |
|---|---|---|---|---|---|
| 法人CF | 4,216 | 3,587 | 3,547 | 2,933 | 2,842 |
| 法人CF累計 | 43,719 | 61,785 | 79,633 | 94,372 | 108,778 |

| | | | | | |
|---|---|---|---|---|---|
| 個人+法人合計CF | 4,693 | 4,064 | 4,024 | 3,410 | 3,319 |
| 個人+法人合計CF累計 | 48,489 | 68,940 | 89,173 | 106,297 | 123,088 |

　地代の支払が発生する分，法人側の所得とキャッシュフローはやや減少しますが，法人個人合計で蓄積されるキャッシュの推移は，地代の支払いがない1と比べても大きな差異は生じません。

**【個人＋法人合計のキャッシュの蓄積額の推移】**

|  | 初年度 | 5年目 | 10年目 | 15年目 | 20年目 | 25年目 | 30年目 |
|---|---|---|---|---|---|---|---|
| 地代なし | 6,187 | 24,152 | 46,606 | 66,183 | 85,297 | 101,459 | 116,983 |
| 地代あり | 6,138 | 25,002 | 48,489 | 68,940 | 89,173 | 106,297 | 123,088 |

## (2) 不動産所有方式（地代あり）の相続財産額と相続税額の推移

### ① 不動産管理会社の株価の推移

　ここからは，「不動産所有方式」（地代あり）により法人化をした場合の相続税の推移を試算します。前提条件は **1** と同様です。まずは，不動産管理会社の株価の推移をシミュレーションします。

**【初年度～5年目の株価の推移】**

|  | 事業開始後 | | | | |
|---|---|---|---|---|---|
|  | 初年度 | 2年目 | 3年目 | 4年目 | 5年目 |
| 株価評価方法 | 開業後3年未満の会社 | 開業後3年未満の会社 | 開業後3年未満の会社 | 小会社 | 小会社 |
| 1株当たりの純資産価額(円) | 0 | 0 | 0 | 0 | 0 |
| 類似業種比準価額（円） | ― | ― | ― | 108,100 | 122,660 |
| 1株当たりの株価（千円） | 0 | 0 | 0 | 0 | 0 |
| 相続税評価額（千円） | 0 | 0 | 0 | 0 | 0 |

**【6年目～30年目までの株価の推移】**

|  | 事業開始後 | | | | |
|---|---|---|---|---|---|
|  | 10年目 | 15年目 | 20年目 | 25年目 | 30年目 |
| 株価評価方法 | 小会社 | 小会社 | 小会社 | 小会社 | 小会社 |
| 1株当たりの純資産価額(円) | 0 | 303,133 | 721,295 | 1,129,666 | 1,574,168 |
| 類似業種比準価額（円） | 186,000 | 238,420 | 303,200 | 357,440 | 425,140 |
| 1株当たりの株価（千円） | 0 | 270 | 512 | 743 | 999 |
| 相続税評価額（千円） | 0 | 27,078 | 51,225 | 74,355 | 99,965 |

　株式の評価方法は，**1**（地代の支払いがない場合）の場合と同様に，事業開始から3年までは，「開業後3年未満の会社」（評基通189）として純資産価額

第4章　各方式と相続税の推移　*141*

により評価をし，4年目以降は，「小会社」として類似業種比準価額と純資産価額の折衷方法と純資産価額とのいずれか低い価額により評価します（評基通178，179）。

　純資産価額算定上，法人が所有する建物については，取得後3年間は時価で評価し（評基通185），4年目以降は固定資産税評価額により評価を行います。

　無償返還の届出書が提出されている場合で，被相続人が同族株主等となっている会社に賃貸借により土地を貸し付けている場合には，自用地評価の20％相当額を純資産価額の計算上，借地権として資産に計上する必要があります（個別通達1「相当の地代を収受している貸宅地の評価について」）。これを「みなし借地権」といいます。みなし借地権の計上により株式の相続税評価額は1（地代の支払いがない場合）と比較すると上昇します。一方で，地代の支払が増えた分，法人の課税所得は減少するため，その差額分株価が上昇することになります。

　不動産管理会社の初年度と4年目の株価は以下の手順により算出しています。初年度は，開業後3年未満の会社に当たるため純資産価額で評価を行います。

**【純資産価額（1年目）】**

| 相続税評価額 | | | 帳簿価額 | | |
|---|---|---|---|---|---|
| ① | ② | ③ | ④ | ⑤ | ⑥ |
| 資産の部 | 負債の部 | 純資産価額 ①－② | 資産の部 | 負債の部 | 純資産価額 ③－④ |
| 128,531千円 | 154,841千円 | －26,310千円 | 153,431千円 | 154,841千円 | －1,410千円 |

| ⑦ | ⑧ | ⑨ | ⑩ | ⑪ |
|---|---|---|---|---|
| 評価差額 ③－⑥ | 評価差額に対する法人税 ⑦×37％ | 純資産価額 ③－⑧ | 発行済株式数 | 1株当たり純資産価額 ⑨÷⑩ |
| 0千円 | 0千円 | －26,310千円 | 100株 | **0円** |

　開業後4年目以降は，小会社方式で株価を算定するため，「純資産価額」か「類似業種比準価額×0.5＋純資産価額×0.5」のいずれか低い価額が評価額となります。4年目の不動産管理会社の株価の類似業種比準価額，純資産価額は下記

142

のように算出します。

(a) 類似業種の株価は基準日以前3か月間の各月及び基準月以前2年間の平均株価，前年平均株価のうち最も低いものを採用します。今回の事例では，課税時期を令和5年8月として業種目「No.92」の不動産業，物品賃貸業の株価「364円」を採用しています。

(b) 比準割合は下記の算式で算定します。今回は業種目「No.92」の不動産業，物品賃貸業の比準要素により算出した「2.97」で算定しています。

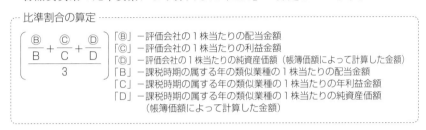

(c) 斟酌率は大会社0.7，中会社0.6，小会社0.5となります。本事例の不動産管理会社は小会社に当たるため0.5を乗じます。

(d) 1株当たりの資本金等の額

**【類似業種比準価額（4年目）】**

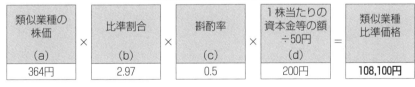

**【純資産価額（4年目）】**

| 相続税評価額 | | | 帳簿価額 | | |
|---|---|---|---|---|---|
| ① | ② | ③ | ④ | ⑤ | ⑥ |
| 資産の部 | 負債の部 | 純資産価額<br>①－② | 資産の部 | 負債の部 | 純資産価額<br>④－⑤ |
| 82,016千円 | 143,437千円 | －61,421千円 | 157,916千円 | 143,437千円 | 14,479千円 |

| ⑦ | ⑧ | ⑨ | ⑩ | ⑪ |
|---|---|---|---|---|
| 評価差額<br>③－⑥ | 評価差額に<br>対する法人税<br>⑦×37% | 純資産価額<br>③－⑧ | 発行済株式数 | 1株当たり純資産価額<br>⑨÷⑩ |
| 0千円 | 0千円 | －61,421千円 | 100株 | **0円** |

**【株価（4年目）】**

① 純資産価額 0円

② 類似業種比準価額108,100円×0.5＋純資産価額 0円×0.5＝54,050円

③ ①＜② ∴ 0円

## ② 相続税額の推移

①で算出をした株価の推移を基に，個人の相続財産の額と相続税額がどのように変化していくのかをシミュレーションします。

**前提条件**

（単位：千円）

| | | |
|---|---|---|
| 現預金 | 100,000 | 相続税の試算上，初年度に個人が所有する現預金 |
| 土地の相続税評価額 | 96,000 | 自用地評価：土地の時価150,000千円×80%<br>＝120,000千円<br>貸宅地評価：120,000千円×80%＝96,000千円 |
| 小規模宅地等の特例 | －48,000 | 貸付事業用宅地等の適用ありと仮定し50%減額 |
| 法定相続人 | 3人 | 相続人は配偶者と子2人 |
| 相続財産の取得割合 | 法定相続分 | 法定相続分に従い財産を取得と仮定，配偶者の<br>税額軽減を適用 |

144

（単位：千円）

| 相続財産の種類 | 事業前 | 事業開始後 | | | | | | |
|---|---|---|---|---|---|---|---|---|
| | | 初年度 | 5年目 | 10年目 | 15年目 | 20年目 | 25年目 | 30年目 |
| 現預金 | 100,000 | 100,000 | 100,000 | 100,000 | 100,000 | 100,000 | 100,000 | 100,000 |
| 不動産投資によるCFの蓄積 | | 477 | 2,385 | 4,770 | 7,155 | 9,540 | 11,925 | 14,310 |
| 出資 | | −1,000 | | | | | | |
| 土地 | 120,000 | 96,000 | 96,000 | 96,000 | 96,000 | 96,000 | 96,000 | 96,000 |
| 小規模宅地等の特例 | 0 | −48,000 | −48,000 | −48,000 | −48,000 | −48,000 | −48,000 | −48,000 |
| 建物 | | | | | | | | |
| 有価証券（非上場株式） | | 0 | 0 | 0 | 27,078 | 51,225 | 74,355 | 99,965 |
| 借入金 | | | | | | | | |
| 純資産価額 | 220,000 | 147,477 | 150,385 | 152,770 | 182,233 | 208,765 | 234,280 | 262,275 |
| 基礎控除 | −48,000 | −48,000 | −48,000 | −48,000 | −48,000 | −48,000 | −48,000 | −48,000 |
| 課税遺産総額 | 172,000 | 99,477 | 102,385 | 104,770 | 134,233 | 160,765 | 186,280 | 214,275 |
| 相続税の総額 | 16,000 | 7,204 | 7,518 | 7,787 | 11,279 | 14,596 | 17,785 | 21,998 |

　固定資産税の3倍相当額の地代の設定は，税務上においては一般的に賃貸借とみなされることが多いため，本ケースの土地の評価は「貸宅地」の評価となる点が1（地代の支払がない場合）と異なります。無償返還の届出書が提出されている場合の貸宅地の価額は，自用地としての評価額の80％の価額により評価します（評基通個別1「相当の地代を収受している貸宅地の評価について」）。また，固定資産税等相当額の3倍の地代を収受しているため，貸付事業用宅地等として小規模宅地の特例の適用も可能と考えられます。

　なお，相続財産に非上場株式が計上されますが，11年目までは評価額はゼロとなります。12年目以降は，利益の蓄積により非上場株式の評価額が上昇し，相続税額も増加していきます。

第4章　各方式と相続税の推移　*145*

**【事業をしなかった場合と不動産所有方式（地代あり）の場合の30年後の相続税額の比較】**

（単位：千円）

| 相続財産の種類 | 事業開始前の相続税額 | | | | 事業開始後30年 | | | |
| --- | --- | --- | --- | --- | --- | --- | --- | --- |
| | 各人の合計 | 配偶者 | 長男 | 長女 | 各人の合計 | 配偶者 | 長男 | 長女 |
| 現預金 | 100,000 | 50,000 | 25,000 | 25,000 | 100,000 | 50,000 | 25,000 | 25,000 |
| 不動産投資の蓄積CF | 0 | 0 | 0 | 0 | 14,310 | 7,155 | 3,578 | 3,578 |
| 土地 | 120,000 | 60,000 | 30,000 | 30,000 | 96,000 | 48,000 | 24,000 | 24,000 |
| 小規模宅地 | 0 | 0 | 0 | 0 | −48,000 | −24,000 | −12,000 | −12,000 |
| 建物 | 0 | 0 | 0 | 0 | 0 | 0 | 0 | 0 |
| 有価証券（非上場株式） | 0 | 0 | 0 | 0 | 99,965 | 49,983 | 24,991 | 24,991 |
| 相続財産　合計 | 220,000 | 110,000 | 55,000 | 55,000 | 262,275 | 131,138 | 65,569 | 65,569 |
| 借入金 | 0 | 0 | 0 | 0 | 0 | 0 | 0 | 0 |
| 債務・葬式費用　合計 | 0 | 0 | 0 | 0 | 0 | 0 | 0 | 0 |
| 課税価格 | 220,000 | 110,000 | 55,000 | 55,000 | 262,275 | 131,138 | 65,569 | 65,569 |
| 取得割合 | 1 | 0.5 | 0.25 | 0.25 | 1 | 0.5 | 0.25 | 0.25 |
| 相続人数・法定相続分 | 3人 | 1/2 | 1/4 | 1/4 | 3人 | 1/2 | 1/4 | 1/4 |
| 基礎控除額 | −48,000 | | | | −48,000 | | | |
| 課税遺産総額 | 172,000 | 86,000 | 43,000 | 43,000 | 214,275 | 107,137 | 53,568 | 53,568 |
| 相続税の総額 | 32,000 | 18,800 | 6,600 | 6,600 | 43,996 | 25,855 | 9,070 | 9,070 |
| 各人の按分割合 | 1 | 0.5 | 0.25 | 0.25 | 1 | 0.5 | 0.25 | 0.25 |
| 各人の算出税額 | 32,000 | 16,000 | 8,000 | 8,000 | 43,996 | 21,998 | 10,999 | 10,999 |
| 配偶者の税額軽減額 | 16,000 | 16,000 | | | 21,998 | 21,998 | | |
| 各人の納付税額 | 16,000 | 0 | 8,000 | 8,000 | 21,998 | 0 | 10,999 | 10,999 |

　事業開始後30年目には，不動産賃貸業を開始しなかった場合よりも，5,998千円程度相続税の負担が増えることが予想されます。

　ただし，家賃収入の蓄積により，相続税支払後の法人・個人合計の手元に残る現預金の額は，事業を行わない場合よりも増加することになります。

(単位：千円)

| | 事業前 | 事業開始後 | | | | | | |
|---|---|---|---|---|---|---|---|---|
| | | 初年度 | 5年目 | 10年目 | 15年目 | 20年目 | 25年目 | 30年目 |
| 相続税の総額 | 16,000 | 7,204 | 7,518 | 7,787 | 11,279 | 14,596 | 17,785 | 21,998 |
| 相続税支払い後の個人＋法人合計の手残りキャッシュ | 84,000 | 97,934 | 117,483 | 140,703 | 157,661 | 174,577 | 188,512 | 201,090 |

　固定資産税の3倍程度の地代を設定することで，土地の税務上の契約形態が，使用貸借ではなく賃貸借となります。これにより，土地の相続税評価額を圧縮することができるため，地代の支払がない場合と比較すると30年経過時点の相続税額は9,000千円ほど減少します。

　キャッシュフローの観点からは，地代の支払の有無による大きな差異は生じませんが，相続税対策の観点からは，不動産所有方式を選択する場合には，賃貸借とみなされる水準の地代を収受し，「無償返還の届出書の提出＋賃貸借」の形態をとっておくことが重要であることが確認できます。

## 3　4つの形態の比較

【形態別の相続税額の推移】

(単位：千円)

| 番号 | 形態 | | 事業前 | 事業開始後 | | | | | | |
|---|---|---|---|---|---|---|---|---|---|---|
| | | | | 初年度 | 5年目 | 10年目 | 15年目 | 20年目 | 25年目 | 30年目 |
| シミュレーション7 | 個人事業主 | | 16,000 | 784 | 1,853 | 5,252 | 9,665 | 15,163 | 20,979 | 29,108 |
| シミュレーション8 | 管理委託方式 | | | 818 | 2,045 | 5,703 | 10,554 | 16,299 | 22,893 | 31,344 |
| シミュレーション9 | サブリース方式 | | | 809 | 2,022 | 5,609 | 10,327 | 15,986 | 22,335 | 30,684 |
| シミュレーション10 | 不動産所有方式 | 地代なし | | 15,831 | 15,781 | 15,563 | 18,239 | 22,296 | 26,376 | 30,850 |
| | | 地代あり | | 7,204 | 7,518 | 7,787 | 11,279 | 14,596 | 17,785 | 21,998 |

最も少ない

最も少ない

第4章　各方式と相続税の推移　　*147*

法人化をしない場合，不動産管理委託方式，サブリース方式，不動産所有方式（地代あり・なし）の5つのパターンの相続税額を比較すると，不動産賃貸業開始から15年程度は，法人化をせずに個人事業主として不動産賃貸業を行う場合が最も相続税が少なくなる結果となりました。一方，30年経過時点においては，「不動産所有方式で無償返還届出書＋地代あり」とするパターンが最も相続税額が少なくなる結果となりました。

　個人が高齢である等，対策による即効性を重要視する場合には法人化を行わず，個人で不動産を取得するのがよいでしょう。一方，個人の相続開始まである程度の期間が見込まれる等，長期的な効果を重視する場合には「不動産所有方式+無償返還届出書＋地代あり」の方式を選択することで，法人への所得分散によるキャッシュフローの改善効果と相続税の圧縮効果の両方のメリットを享受することができます。

　不動産貸付業を開始する際にどの形態を選択するかは，個人の年齢等を考慮して総合的に判断すべきと考えられます。

　また，第4章では，態様別にキャッシュフロー・相続税額を比較することを目的としているため，不動産管理会社の出資者を不動産所有者である個人としてシミュレーションを行っていますが，実務においては，株主を子供等とし，不動産管理会社の株式を個人の相続財産に計上しない対策も有効となります。

*148*

第 5 章

**法人化開始時の年齢による比較**

## シミュレーション 11

# 法人化をする年齢による違い
# —50歳と80歳の比較

### シミュレーション内容

賃貸不動産の法人化をする場合，法人化をしてからオーナーの相続が発生するまでの期間の長短により，キャッシュフローの蓄積や株価評価，相続税額が異なります。若くして法人化をした場合と相続の直前に法人化をした場合のシミュレーションを行い，法人化をする年齢による違いの検証を行います。

本事例では，82歳でオーナーの相続が発生すると仮定し，次の2つのパターンについて，キャッシュフローの違い，株価の違い，相続税の違いをシミュレーションします。

① 法人化をしない場合と50歳の時点で法人化をする場合の比較
② 法人化をしない場合と80歳の時点で法人化をする場合の比較

それぞれのパターンで，キャッシュフローの蓄積にどの程度の差が生じるか，また，時点の違いにより株価や相続税額にどのような影響が生ずるかがポイントとなります。なお，本事例における「法人化」は，建物のみを法人に移転する，「不動産所有方式」を前提としています。

## 1 個人所有と法人所有のキャッシュの蓄積と相続税の比較（50歳で法人化する場合）

50歳で築20年の賃貸不動産を現物出資により法人化し，82歳で亡くなるまで不動産賃貸業を続ける場合のキャッシュフローの蓄積と相続税額をシミュレーションします。シミュレーションの前提は以下のとおりです。

150

|  | 前提条件 | |
|---|---|---|

（単位：千円）

| 土地時価 | 150,000 | 元々個人が所有していた土地 |
|---|---|---|
| 建物時価 | 90,600 | 4階建て居住用アパート，住戸数12戸，築20年の建物を時価で個人から法人へ現物出資 |
| 年間家賃収入 | 25,000 | 経年により11～20年目は95%，21年目以降は90%に減少すると仮定 |
| 土地　固定資産税等 | 350 | 固定資産税・都市計画税合計，不変と仮定 |
| 建物　固定資産税等 | 869 | 固定資産税・都市計画税合計，初年度を基準年度とし経年による税額の減少を反映 |
| 譲渡前の減価償却費 | 2,970 | 鉄筋コンクリート造，住宅用，耐用年数47年，旧定額法<br>（※）償却可能限度額に達した場合の5年均等償却については，未考慮とする。 |
| 譲渡後の減価償却費 | 2,990 | 中古耐用年数31年，定額法 |
| 管理料 | 1,250 | 家賃収入の5％を支払う |
| 修繕費 | 1,125 | 家賃収入の4.5%と仮定 |
| 地代 | 1,050 | 【個人事業主の場合】なし<br>【法人化の場合】固定資産税相当額の3倍の地代 |
| その他諸経費 | 1,750 | 家賃収入の7％と仮定<br>【法人化の場合】建物移転初年度は登録免許税・不動産取得税を加算 |
| 給与収入 | 5,000 | 【法人化の場合】地主個人が役員に就任し役員報酬を支払う |
| 年金収入 | 0 | 考慮しない |

## (1) キャッシュフローの推移と蓄積

　まずは，不動産を法人化せずに，50歳から82歳で亡くなるまで個人事業主のまま不動産賃貸業を続けた場合のキャッシュフローの推移と蓄積のシミュレーションを行います。

## ① 個人所有の場合

**【税額計算】**　　　　　　　　　　　　　　　　　　　　　（単位：千円）

| | | 個人事業主 | | | | | 備考 |
|---|---|---|---|---|---|---|---|
| | | 50歳 | 60歳 | 70歳 | 80歳 | 82歳 | |
| | **不動産収入** | **25,000** | **23,750** | **22,500** | **22,500** | **22,500** | |
| | 建物固定資産税等 | 869 | 708 | 587 | 467 | 426 | 経過減点補正率を考慮 |
| | 土地固定資産税等 | 350 | 350 | 350 | 350 | 350 | |
| | 減価償却費 | 2,970 | 2,970 | 2,970 | 0 | 0 | 77歳時点で耐用年数経過 |
| | 税理士報酬 | 500 | 500 | 500 | 500 | 500 | |
| | 管理料 | 1,250 | 1,187 | 1,125 | 1,125 | 1,125 | 年間家賃収入対比5％ |
| | 修繕費 | 1,125 | 1,068 | 1,012 | 1,012 | 1,012 | 年間家賃収入対比4.5％ |
| | その他諸経費 | 1,750 | 1,662 | 1,575 | 1,575 | 1,575 | 年間家賃収入対比7％ |
| | 青色申告特別控除 | 650 | 650 | 650 | 650 | 650 | |
| | **不動産経費計** | **9,464** | **9,095** | **8,769** | **5,679** | **5,638** | |
| | **不動産所得** | **15,536** | **14,655** | **13,731** | **16,821** | **16,862** | |
| | 社会保険料控除 | 450 | 450 | 450 | 450 | 450 | 保険料は一定と仮定 |
| | 所得控除 | 480 | 480 | 480 | 480 | 480 | |
| | **所得合計** | **14,606** | **13,725** | **12,801** | **15,891** | **15,932** | |
| 各種税額 | 所得税 | 3,284 | 2,993 | 2,688 | 3,708 | 3,722 | |
| | 復興税 | 68 | 62 | 56 | 77 | 78 | |
| | 住民税 | 1,460 | 1,372 | 1,280 | 1,589 | 1,593 | |
| | 事業税 | 664 | 620 | 574 | 728 | 730 | |
| | **税額合計** | **5,476** | **5,047** | **4,598** | **6,102** | **6,123** | |

| | | | | | | |
|---|---|---|---|---|---|---|
| | 不動産所得 | 15,536 | 14,655 | 13,731 | 16,821 | 16,862 |
| | 税額合計 | −5,476 | −5,047 | −4,598 | −6,102 | −6,123 |
| C F | 青色申告特別控除 | 650 | 650 | 650 | 650 | 650 |
| | 社会保険料控除 | −450 | −450 | −450 | −450 | −450 |
| | 減価償却費 | 2,970 | 2,970 | 2,970 | 0 | 0 |

| 手残り額 | 13,230 | 12,778 | 12,303 | 10,919 | 10,939 |
|---|---|---|---|---|---|
| 手残り額　累計 | 13,230 | 145,445 | 272,988 | 390,603 | 412,482 |

　個人所有のまま相続発生時まで不動産賃貸業を行った場合，家賃収入は全て個人に帰属し，現預金として蓄積されます。本事例の場合，蓄積されるキャッシュの累計は82歳の時点で412,482千円となります。

### ② 不動産を法人化した場合（不動産所有方式）

　次に，50歳で築20年の建物を個人から法人へ現物出資し，法人化した場合の個人・法人それぞれのキャッシュフローと蓄積をシミュレーションします。

**【個人の税額とキャッシュフロー】**　　　　　　　　（単位：千円）

| 個人 | | 不動産所有方式 | | | | | 備考 |
|---|---|---|---|---|---|---|---|
| | | 50歳 | 60歳 | 70歳 | 80歳 | 82歳 | |
| | 給与所得 | 3,560 | 3,560 | 3,560 | 3,560 | 3,560 | 地主個人が役員に就任 |
| | 不動産収入 | 1,050 | 1,050 | 1,050 | 1,050 | 1,050 | |
| | 土地固定資産税等 | 350 | 350 | 350 | 350 | 350 | |
| | 税理士報酬 | 150 | 150 | 150 | 150 | 150 | |
| | その他諸経費 | 73 | 73 | 73 | 73 | 73 | 年間不動産収入対比7％ |
| | 青色申告特別控除 | 100 | 100 | 100 | 100 | 100 | |
| | 不動産経費計 | 673 | 673 | 673 | 673 | 673 | |
| | 不動産所得 | 377 | 377 | 377 | 377 | 377 | |
| | 社会保険料控除 | 307 | 307 | 307 | 307 | 307 | 保険料は一定と仮定 |
| | 所得控除 | 480 | 480 | 480 | 480 | 480 | |
| | 所得合計 | 3,150 | 3,150 | 3,150 | 3,150 | 3,150 | |
| 各種税額 | 所得税 | 217 | 217 | 217 | 217 | 217 | |
| | 復興税 | 4 | 4 | 4 | 4 | 4 | |
| | 住民税 | 315 | 315 | 315 | 315 | 315 | |
| | 事業税 | 0 | 0 | 0 | 0 | 0 | |

| | 税額合計 | 536 | 536 | 536 | 536 | 536 | |
|---|---|---|---|---|---|---|---|

| | | | | | | | |
|---|---|---|---|---|---|---|---|
| C F | 給与収入 | 5,000 | 5,000 | 5,000 | 5,000 | 5,000 | |
| | 不動産所得 | 377 | 377 | 377 | 377 | 377 | |
| | 税額合計 | −536 | −536 | −536 | −536 | −536 | |
| | 青色申告特別控除 | 100 | 100 | 100 | 100 | 100 | |
| | 社会保険料控除 | −307 | −307 | −307 | −307 | −307 | |
| | 個人 手残り額 | 4,634 | 4,634 | 4,634 | 4,634 | 4,634 | |
| 個人 手残り額 累計 | | 4,634 | 50,974 | 97,314 | 143,654 | 152,922 | |

## 【法人の税額とキャッシュフロー】 （単位：千円）

| 法人 | 不動産所有方式 | | | | | 備考 |
|---|---|---|---|---|---|---|
| | 50歳 | 60歳 | 70歳 | 80歳 | 82歳 | |
| 不動産収入 | 25,000 | 23,750 | 22,500 | 22,500 | 22,500 | |
| 役員報酬 | 5,000 | 5,000 | 5,000 | 5,000 | 5,000 | 地主個人が役員に就任 |
| 社会保険料 | 289 | 289 | 289 | 289 | 289 | 保険料は一定と仮定 |
| 建物固定資産税等 | 869 | 708 | 587 | 467 | 426 | 経過減点補正率を考慮 |
| 減価償却費 | 2,990 | 2,990 | 2,990 | 906 | 0 | 81歳時点で中古耐用年数経過 |
| 税理士報酬 | 400 | 400 | 400 | 400 | 400 | |
| 管理料 | 1,250 | 1,187 | 1,125 | 1,125 | 1,125 | 年間家賃収入対比5％ |
| 修繕費 | 1,125 | 1,068 | 1,012 | 1,012 | 1,012 | 年間家賃収入対比4.5％ |
| 地代家賃 | 1,050 | 1,050 | 1,050 | 1,050 | 1,050 | 固定資産税等の3倍 |
| その他諸経費 | 6,177 | 1,589 | 1,502 | 1,502 | 1,502 | 年間家賃収入－地代対比7％ |
| 不動産経費計 | 19,150 | 14,281 | 13,955 | 11,751 | 10,804 | |
| 所得合計 | 5,850 | 9,469 | 8,545 | 10,749 | 11,696 | |

| 各種税額 | 法人税 | 877 | 1,540 | 1,326 | 1,837 | 2,057 | |
|---|---|---|---|---|---|---|---|
| | 地方法人税 | 90 | 158 | 136 | 189 | 211 | |
| | 均等割 | 180 | 180 | 180 | 180 | 180 | |
| | 法人税割 | 61 | 107 | 92 | 128 | 143 | |
| | 事業税 | 238 | 454 | 390 | 544 | 610 | |
| | 特別法人事業税 | 88 | 167 | 144 | 201 | 225 | |
| | 税額合計 | 1,534 | 2,606 | 2,268 | 3,079 | 3,426 | |

| CF | 不動産所得 | 5,850 | 9,469 | 8,545 | 10,749 | 11,696 |
|---|---|---|---|---|---|---|
| | 減価償却費 | 2,990 | 2,990 | 2,990 | 906 | 0 |
| | 税額合計 | −1,534 | −2,606 | −2,268 | −3,079 | −3,426 |
| | 法人　手残り額 | 7,306 | 9,853 | 9,267 | 8,576 | 8,270 |
| 法人　手残り額　累計 | | 7,306 | 111,287 | 209,519 | 301,878 | 318,418 |

【個人・法人のキャッシュフロー合計】

| 個人・法人合計CF | 11,940 | 14,487 | 13,901 | 13,210 | 12,964 |
|---|---|---|---|---|---|
| 個人・法人合計CF累計 | 11,940 | 162,261 | 306,833 | 445,532 | 471,340 |

　不動産所有方式の場合，家賃収入は不動産管理会社に帰属するため，不動産管理会社は年間8,000千円～10,000千円前後のキャッシュを得ることになります。一方，個人の不動産収入は不動産管理会社から受ける地代1,050千円と給与5,000千円のみとなります。本事例の場合，個人の課税所得は3,150千円，所得税額等は536千円となり，年間4,634千円のキャッシュを得ることになります。蓄積されるキャッシュの額は82歳の時点で個人と不動産管理会社を合算して，471,340千円となります。

## ③　個人所有と法人所有のキャッシュフローの蓄積の比較

　個人所有のままの場合と，50歳で不動産所有方式により法人化をした場合のキャッシュフローを比較すると，82歳の相続発生時において，法人・個人合計のキャッシュの累計蓄積額は法人化をした方が，58,858千円ほど多くなります。

|  | 個人所有 | 50歳で法人化（不動産所有方式） |
|---|---|---|
| 法人・個人のキャッシュの累積蓄積額 | 412,482千円 | 471,340千円 |

　蓄積される額の違いは，各年毎に適用される所得税と法人税の税率構造の違いが主な要因となります。個人に課税される所得税は超過累進税率となる一方，不動産管理会社に課税される法人税は一定の税率により課税が行われます。個人と法人の税率差を勘案すると，個人の所得税率が高い場合には，不動産管理会社を設立し，法人税の課税所得を増やした方が有利となります。毎年のキャッシュフローの差額は，長年の蓄積により更に大きな差額となります。キャッシュフローの観点からは，個人の所得税率が高い場合には，不動産管理会社を設立し，法人税の課税所得を増やした方が有利となることが本シミュレーションから分かります。

## (2)　相続税の比較

　ここからは，不動産賃貸業により得られるキャッシュの蓄積が，不動産管理会社の株価や相続税額に及ぼす影響について，個人所有の場合と，法人化（不動産所有方式）をした場合を比較しながらシミュレーションを行います。

　相続税額のシミュレーションの前提は以下のとおりです。

### 前提条件

（単位：千円）

| 相続開始時点の年齢 | 82歳 |
|---|---|
| 法定相続人 | 配偶者と子供2人の計3人 |
| 預貯金 | 相続税の試算上，個人が50歳時点で所有する現預金額100,000千円 |
| 生活費 | 年間3,600千円と仮定 |
| 土地 | 借地権割合60%<br>【個人の場合】<br>自用地評価：土地の時価150,000千円×80%＝120,000千円<br>貸家建付地評価：120,000千円×（1－0.6×0.3）＝98,400千円<br>【法人化の場合】無償返還の届出書の提出あり<br>貸宅地評価：120,000千円×0.8＝96,000千円 |

*156*

| 小規模宅地等の特例 | 貸付事業用宅地等として土地の相続税評価額の50％を減額 |
|---|---|
| 財産の取得者 | 法定相続分で取得したと仮定し配偶者の税額の軽減を適用 |
| 建物の相続税評価額 | 貸家評価：固定資産税評価額×（1－借家権割合30％） |

① 個人所有の場合の相続税額

まず，不動産を法人化せずに，50歳から82歳で亡くなるまで個人のまま不動産賃貸業を続けた場合の相続税額のシミュレーションを行います。

(a) 現預金の相続税評価額

不動産を個人で所有したまま相続を迎えた場合には，不動産賃貸業により蓄積される資金の総額は預貯金となり，個人の相続税の対象となります。本事例では，元々所有していた預貯金が100,000千円，生活費による費消の合計額が118,800千円，不動産収入の蓄積が412,482千円となり，現預金の相続時点の残高は393,682千円となります。

(b) 土地の相続税評価

土地の「時価」は150,000千円ですが，相続税評価額に用いる路線価は時価のおよそ80％程度となるため，120,000千円と仮定しています。賃貸用建物の敷地の用に供されている「貸家建付地」については，更に下記の算式により減額ができるため，相続税評価額は98,400千円となります。

また，貸家建付地については，一定の要件を充足すれば「貸付事業用宅地等」として，小規模宅地等の特例により，200㎡まで50％評価額を減額することができるため（措法69の4），相続税の課税価格に算入される金額は49,200千円となります。

(c) 建物の相続税評価

建物の相続税評価額は固定資産税評価額により評価します。建物の固定資産

税評価額は，経年と共に減価し，82歳時点で25,101千円となります。賃貸用建物は「貸家」評価となり，自用家屋の相続税評価額から更に借家権割合30％を控除して評価することができるため，25,101千円×（1－借家権割合 30％）=17,571千円が建物の相続税評価額となります。

(d) 相続税の総額

本事例では，配偶者と子供2人が，配偶者2分の1，子供各4分の1ずつの法定相続分に従い財産を取得したと仮定し相続税を計算します。配偶者の税額軽減の適用により，配偶者の相続税額は0円となり，子供2人が負担する相続税の総額は57,146千円となります。

（単位：千円）

| 法人化しない場合の<br>相続税試算 | 個人所有（82歳時点） | | | |
|---|---|---|---|---|
| 相続財産の種類 | 各人の合計 | 配偶者 | 長男 | 長女 |
| ＜相続財産＞ | | | | |
| 現預金 | 100,000 | 50,000 | 25,000 | 25,000 |
| 不動産投資の蓄積CF | 412,482 | 206,241 | 103,120 | 103,120 |
| 生活費等の費消CF | －118,800 | －59,400 | －29,700 | －29,700 |
| 土地 | 98,400 | 49,200 | 24,600 | 24,600 |
| 小規模宅地等の特例 | －49,200 | －24,600 | －12,300 | －12,300 |
| 建物 | 17,571 | 8,785 | 4,393 | 4,393 |
| 相続財産　合計 | 460,452 | 230,226 | 115,113 | 115,113 |
| 課税価格 | 460,452 | 230,226 | 115,113 | 115,113 |
| 取得割合 | 1 | 0.5 | 0.25 | 0.25 |
| 相続人数・法定相続分 | 3人 | 1/2 | 1/4 | 1/4 |
| 基礎控除額 | －48,000 | | | |

| 課税遺産総額 | 412,452 | 206,226 | 103,113 | 103,113 |
|---|---|---|---|---|
| 相続税の総額 | 114,292 | 65,802 | 24,245 | 24,245 |
| 各人の按分割合 | 1 | 0.5 | 0.25 | 0.25 |
| 各人の算出税額 | 114,292 | 57,146 | 28,573 | 28,573 |
| 配偶者の税額軽減額 | −57,146 | −57,146 | | |
| 各人の納付税額 | 57,146 | 0 | 28,573 | 28,573 |

**【相続税の速算表】**

| 法定相続分に応ずる取得金額 | 税率 | 控除額 |
|---|---|---|
| 10,000千円以下 | 10% | 0千円 |
| 10,000千円超から 30,000千円以下 | 15% | 500千円 |
| 30,000千円超から 50,000千円以下 | 20% | 2,000千円 |
| 50,000千円超から100,000千円以下 | 30% | 7,000千円 |
| 100,000千円超から200,000千円以下 | 40% | 17,000千円 |
| 200,000千円超から300,000千円以下 | 45% | 27,000千円 |
| 300,000千円超から600,000千円以下 | 50% | 42,000千円 |
| 600,000千円超 | 55% | 72,000千円 |

## ② 50歳で法人化をした場合の相続税額（不動産所有方式）

次に，50歳で築20年の建物を個人から法人へ現物出資し，法人化をした場合の相続税額のシミュレーションを行います。

### (a) 土地の相続税評価

本事例では，土地の無償返還の届出書が税務署に提出され，不動産管理会社から個人へ固定資産税相当額の3倍の地代の支払いがあることを前提とします。一般的には，固定資産税相当額の2～3倍程度の地代の水準であれば賃貸借とみなされるため，「貸宅地」として評価を行うことになります。無償返還の届出書が提出され，かつ，土地の契約が賃貸借契約である場合には，土地所有者が土地の利用について相応の制約を受けることを勘案し，自用地評価額から20%の借地権割合を控除した金額を底地権の価額とします。本事例の場合は，

120,000千円×80％＝96,000千円が貸宅地の相続税評価額となります。

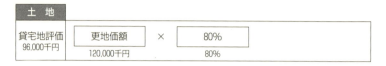

　なお，地代の水準が固定資産税相当額のみの低い水準の場合には，使用貸借とみなされ，相続発生時の土地評価が自用地評価となってしまう点に注意が必要です。

　また，一定の要件を充足することで，小規模宅地等の特例の適用により，「貸付事業用宅地等」として200㎡まで50％の評価額の減額が可能となります（措法69の4）。

(b)　非上場株式の相続税評価

　不動産を法人化した場合，（不動産所有方式），個人の所有財産は「建物」から「法人株式」へと変わるため，相続財産の評価も「不動産の評価」から「非上場株式の評価」へと変わります。財産評価基本通達に定められている非上場株式の評価は，相続で株式を取得した株主が，その株式を発行した会社の経営支配力を持っている同族株主等か，それ以外の株主かにより，それぞれ原則的評価方式又は特例的な評価方式である配当還元方式により評価します。

　原則的評価方式は，評価する株式を発行した会社を総資産価額，従業員数及び取引金額により大会社，中会社又は小会社のいずれかに区分して，次のように評価を行います。

| 会社規模 | | 原則評価（いずれか低い価額） | |
|---|---|---|---|
| 大会社 | | 類似業種比準価額 | 純資産価額 |
| 中会社 | 中会社の大 | 類似業種比準価額×0.9＋純資産価額×0.1 | |
| | 中会社の中 | 類似業種比準価額×0.75＋純資産価額×0.25 | |
| | 中会社の小 | 類似業種比準価額×0.6＋純資産価額×0.4 | |
| 小会社 | | 類似業種比準価額×0.5＋純資産価額×0.5 | |

（一般的に類似業種比準価額の方が純資産価額よりも評価が下がる傾向有）

### 【類似業種比準価額】

類似業種比準価額とは，類似業種の株価を基に，評価する会社の１株当たりの「配当金額」，「利益金額」，「純資産価額」の３つで比準して評価する方法です。

### 【純資産価額】

純資産価額方式とは，会社の総資産や負債を相続税の評価に洗い替えて，その評価した総資産の価額から負債や評価差額に対する法人税額等相当額を差し引いた残りの金額により評価する方法です。

本事例の不動産管理会社は，下記の判定に従うと，「小会社」に該当し，「類似業種比準価額×0.5＋純資産価額×0.5」の折衷方式で評価を行います。

| 評価方式 | 配偶者と子供が不動産管理会社の株式を100％相続するため，同族株主等に該当し，原則的評価方式により評価 |
|---|---|
| 従業員数 | 役員を除外すると従業員数０人≦５人 |
| 総資産価額 | 500,000千円＞322,804千円≧250,000千円 |
| 直前期末以前１年間の取引金額 | 22,500千円＜80,000千円 |
| **会社規模** | **小会社に該当** |

なお，上記判定の結果，非上場株式を原則的評価方式によることとなった場合においても，評価対象となる不動産管理会社が「土地保有特定会社」に該当する場合には，原則として「純資産価額方式」による評価となります。

土地保有特定会社とは，課税時期における不動産管理会社の総資産に占める土地等の価額の合計額が一定割合以上の会社をいいます。判定の基礎となる土地等には，所有目的や所有期間のいかんにかかわらず，会社が保有する全ての土地・地上権・借地権などが含まれます。また，土地保有特定会社に該当するか否かの判定における一定割合は，会社規模により下記のように異なります。

第５章　法人化開始時の年齢による比較　　*161*

| 会社規模 | 判定基準 | | |
|---|---|---|---|
| 大会社 | $\dfrac{\text{土地等の価額}}{\text{総資産価額}} \geqq 70\%$ | | |
| 中会社 | $\dfrac{\text{土地等の価額}}{\text{総資産価額}} \geqq 90\%$ | | |
| 小会社 | 総資産価額の規模により再判定 | 総資産価額が大会社の基準に該当する場合<br>※総資産価額が15億円以上 | … $\dfrac{\text{土地等の価額}}{\text{総資産価額}} \geqq 70\%$ |
| | | 総資産価額が中会社の基準に該当する場合<br>※総資産価額が5,000万円以上15億円未満 | … $\dfrac{\text{土地等の価額}}{\text{総資産価額}} \geqq 90\%$ |
| | | 上記のいずれにも該当しない場合 …土地保有特定会社の対象外 | |

（※）卸売業，小売・サービス業以外の業種基準

　本事例の場合，土地等の価額の割合は4.7％（90％未満）となり，土地保有特定会社には該当せず，原則的評価方式により評価を行うことになります。

| 82歳時点の土地等の価額 | ① | みなし借地権16,800千円 |
|---|---|---|
| 総資産価額 | ② | 357,215千円 |
| 土地等の価額の割合（①／②） | | 4.7％ |

　本事例の株価評価の前提条件は以下のとおりです。

| 前提条件 | |
|---|---|
| 出資金額 | 現金1,000千円及び建物現物出資90,600千円 |
| 発行済株式総数 | 100株 |
| 株主 | 土地所有者個人が100％所有している |
| 借地権評価額 | みなし借地権：120,000千円×20％＝24,000千円<br>貸家建付借地権：24,000千円×0.7＝16,800千円 |

162

## 類似業種比準価額

業種目：不動産業，物品賃貸業

$$364\,円 \times \dfrac{\dfrac{\boxed{0}}{7.8} + \dfrac{\boxed{6}}{53} + \dfrac{\boxed{174}}{292}}{3} \times 0.5 \times \dfrac{916\,千円}{50\,円} = 766\,千円$$

〈計算式〉

$$
類似業種株価 \times \dfrac{\dfrac{評価会社年配当金額}{類似業種年配当金額} + \dfrac{評価会社年利益金額}{類似業種年利益金額} + \dfrac{評価会社純資産価額}{類似業種純資産価額}}{3}\ \overset{(※1)}{} \times \underset{(※2)}{斟酌率} \times \dfrac{評価会社資本金等}{50\,円} = 1株当たり比準価額
$$

（※1）算式に用いる各金額は1株当たりの金額を使用
（※2）斟酌率…大会社：0.7，中会社：0.6，小会社：0.5

## 純資産価額

（単位：千円）

| | | 82歳時点 | |
|---|---|---|---|
| | | 帳簿価額 | 相続税評価額 |
| 資産 | 現預金 | 1,000 | 1,000 |
| | 事業開始後 獲得CF | 321,844 | 321,844 |
| | 建物 | 0 | 17,571 |
| | みなし借地権 | 0 | 16,800 |
| | 資産の部合計 | 322,844 | 357,215 |
| 負債 | 未払法人税等 | 3,426 | 3,426 |
| | 負債の部合計 | 3,426 | 3,426 |
| 純資産 | 資本金 | 91,600 | 91,600 |
| | 利益剰余金 | 227,818 | 262,189 |
| | 純資産の部合計 | 319,418 | 353,789 |

①純資産価額（相続税評価額）　　　　　　353,789千円

②評価差額（353,789千円－319,418千円）　34,371千円

③評価差額に対する法人税等（②×37%）　12,717千円

第5章　法人化開始時の年齢による比較　　*163*

| | ④純資産価額（①－③） | 341,072千円 |
|---|---|---|
| | 1株当たりの純資産価額（④÷100株） | 3,410千円 |

| 株価 | 類似業種比準価額 766千円 × 0.5 | + | 純資産価額 3,410千円 × 0.5 | = | 1株当たり株価 2,088千円 |
|---|---|---|---|---|---|

　類似業種比準価額と純資産価額は上記のとおりに算出をし，1株当たりの株価は2,088千円となります。

　なお，無償返還の届出書が提出され，かつ，土地の契約が賃貸借契約である場合には，原則として借地権は認識されず，借地権の価額はゼロとなります。ただし，貸主である個人が同族関係者となっている法人の株価評価を行う際には，自用地評価額の20％を借地権として純資産価額に計上します。本事例は後者に該当するため，「みなし借地権」を純資産価額に計上しています。

(c)　相続税の総額

　不動産を法人化（不動産所有方式）した場合の個人の相続財産は，現預金，貸宅地，非上場株式となります。82歳時点で相続が発生した場合の相続税の総額は44,515千円となります。

（単位：千円）

**50歳で法人化した場合の相続税試算**

| 相続財産の種類 | 法人所有（82歳時点） | | | |
|---|---|---|---|---|
| | 各人の合計 | 配偶者 | 長男 | 長女 |
| ＜相続財産＞ | | | | |
| 現預金 | 100,000 | 50,000 | 25,000 | 25,000 |
| 個人蓄積CF | 152,922 | 76,461 | 38,231 | 38,231 |
| 生活費等の費消CF | −118,800 | −59,400 | −29,700 | −29,700 |
| 土地 | 96,000 | 48,000 | 24,000 | 24,000 |
| 小規模宅地等の特例 | −48,000 | −24,000 | −12,000 | −12,000 |
| 建物 | 0 | 0 | 0 | 0 |
| 有価証券（非上場株式） | 208,824 | 104,412 | 52,206 | 52,206 |

| 課税価格 | 390,946 | 195,473 | 97,737 | 97,737 |
|---|---|---|---|---|
| 取得割合 | 1 | 0.5 | 0.25 | 0.25 |
| 相続人数・法定相続分 | 3人 | 1／2 | 1／4 | 1／4 |
| 基礎控除額 | −48,000 | | | |
| 課税遺産総額 | 342,946 | 171,473 | 85,736 | 85,736 |
| 相続税の総額 | 89,031 | 51,589 | 18,721 | 18,721 |
| 各人の按分割合 | 1 | 0.5 | 0.25 | 0.25 |
| 各人の算出税額 | 89,031 | 44,551 | 22,258 | 22,258 |
| 配偶者の税額軽減額 | −44,515 | −44,515 | | |
| 各人の納付税額 | 44,515 | 0 | 22,258 | 22,258 |

③　個人所有の場合と50歳で法人化をした場合の相続税の比較

　賃貸用不動産を個人所有としたまま82歳で相続を迎えた場合は，家賃収入は預貯金として個人に蓄積されます。経年とともにキャッシュが増え，相続税額も増加します。

　一方，建物を現物出資し，賃貸用建物を不動産管理会社の所有とした場合，個人の相続財産は「建物」から「非上場株式」へと変わります。また，家賃収入は不動産管理会社の預貯金として蓄積されるため，預貯金は法人の資産となり，非上場株式の純資産価額の評価額の一部を形成することになります。上述のとおり，小会社の非上場株式の評価は，類似業種比準価額と純資産価額の折衷により評価することができ，一般的には法人化をして非上場株式として評価を行った方が相続税評価額は下がる傾向があります。

　また，不動産評価にも違いが生じます。個人所有の場合には，土地の相続税評価方法は貸家建付地評価となり，法人所有の場合には，貸宅地評価となります。

　82歳の時点で相続が発生した場合，個人所有に比べ50歳で法人化をした方が，相続税額が12,637千円減少します。また，相続税を支払った後の法人個人合計の手残り資金には72,489千円の差が生ずる結果となり，法人化の効果が大きいことが分かります。

|  | 個人所有 | 50歳で法人化<br>(不動産所有方式) |
|---|---|---|
| 相続財産額 | 460,452千円 | 390,946千円 |
| 相続税額 | 57,146千円 | 44,515千円 |
| 相続税額支払後手元現預金<br>(法人個人合計) | 336,536千円 | 409,025千円 |

## 2　80歳で法人化する場合

　ここまでは，50歳で法人化を行い，82歳で相続が発生した場合についてシミュレーションを行い，法人化から相続まである程度の期間がある場合には，法人化をした方がキャッシュの蓄積と相続税の観点から有利であることが分かりました。

　では，80歳で法人化をし，82歳で相続が発生した場合はどうでしょうか。

### (1)　キャッシュフローの推移と蓄積

　法人化から相続開始までの期間が短いため，個人所有の場合と80歳で法人化をした場合とで，キャッシュの累積の差は大きく生じません。むしろ，法人化に伴う移転コストが発生するため，80歳で法人化をするとキャッシュの累積は少なくなります。

### (2)　相続税の推移

　ここからは，80歳で法人化をした場合の相続財産の評価額と相続税額についてシミュレーションをします。なお，相続税額のシミュレーションの前提は下記のとおりですが，80歳で築20年の物件を現物出資により法人化し，賃貸を開始した前提により試算を行っている点が**1**の50歳で法人化をした場合と異なります。

| 前提条件 | |
|---|---|
| 相続開始時点の年齢 | 82歳 |
| 法定相続人 | 配偶者と子供2人の計3人 |
| 預貯金 | 相続税の試算上,個人が80歳時点で所有する現預金額100,000千円 |
| 生活費 | 年間3,600千円と仮定 |
| 事業開始 | 80歳で築20年の物件を法人へ現物出資し賃貸開始 |
| 土地 | 借地権割合60%<br>【個人の場合】<br>自用地評価:土地の時価150,000千円×80%＝120,000千円<br>貸家建付地評価:120,000千円×(1－0.6×0.3)＝98,400千円<br>【法人化の場合】無償返還の届出書の提出あり<br>貸宅地評価:120,000千円×0.8＝96,000千円 |
| 小規模宅地等の特例 | 貸付事業用宅地等として土地の相続税評価額の50%を減額 |
| 財産の取得者 | 法定相続分で取得したと仮定し配偶者の税額の軽減を適用 |
| 建物の相続税評価額 | 貸家評価:固定資産税評価額×(1－借家権割合30%) |

## ① 個人所有の場合の相続税額

### (a) 土地の相続税評価

土地の相続税評価は前述の個人所有の場合と同様です。

### (b) 建物の相続税評価

建物の相続税評価方法は前述の個人所有の場合と同様です。なお,経年減点補正率を考慮した固定資産税評価額を用いるため,相続税評価額は34,152千円となります。

### (c) 相続税の総額

配偶者と子供2人が,配偶者2分の1,子供各4分の1ずつの法定相続分に従い財産を取得したと仮定し相続税を計算します。配偶者の税額軽減の適用により,配偶者の相続税額はゼロ,子供2人が負担する相続税の総額は,15,035

千円となります。

（単位：千円）

| 法人化しない場合の相続税試算 | 個人所有（82歳時点） | | | |
|---|---|---|---|---|
| 相続財産の種類 | 各人の合計 | 配偶者 | 長男 | 長女 |
| ＜相続財産＞ | | | | |
| 現預金 | 100,000 | 50,000 | 25,000 | 25,000 |
| 不動産投資の蓄積CF | 39,730 | 19,865 | 9,932 | 9,932 |
| 生活費等の費消CF | −10,800 | −5,400 | −2,700 | −2,700 |
| 土地 | 98,400 | 49,200 | 24,600 | 24,600 |
| 小規模宅地等の特例 | −49,200 | −24,600 | −12,300 | −12,300 |
| 建物 | 34,152 | 17,076 | 8,538 | 8,538 |
| 相続財産　合計 | 212,281 | 106,141 | 53,070 | 53,070 |
| 課税価格 | 212,281 | 106,141 | 53,070 | 53,070 |
| 取得割合 | 1 | 0.5 | 0.25 | 0.25 |
| 相続人数・法定相続分 | 3人 | 1／2 | 1／4 | 1／4 |
| 基礎控除額 | −48,000 | | | |
| 課税遺産総額 | 164,281 | 82,141 | 41,070 | 41,070 |
| 相続税の総額 | 30,070 | 17,642 | 6,214 | 6,214 |
| 各人の按分割合 | 1 | 0.5 | 0.25 | 0.25 |
| 各人の算出税額 | 30,070 | 15,035 | 7,518 | 7,518 |
| 配偶者の税額軽減額 | −15,035 | −15,035 | | |
| 各人の納付税額 | 15,035 | 0 | 7,518 | 7,518 |

② 80歳で法人化をした場合の相続税額（不動産所有方式）

ⓐ 土地の相続税評価

　土地の相続税評価は50歳で法人化をした場合と同様に評価します。

ⓑ 非上場株式の評価

　「不動産管理会社を設立してからの3年間」と「不動産を法人へ移転してからの3年間」については，純資産価額の評価に注意が必要です。

168

課税時期において開業後３年未満の非上場株式は，「特定の評価会社」に該当し，会社規模にかかわらず「純資産価額」により評価をすることになります（評基通189（４））。

| 純資産価額 | | | |
|---|---|---|---|

（単位：千円）

| | | 82歳時点 | |
|---|---|---|---|
| | | 帳簿価額 | 相続税評価額 |
| 資産 | 現預金 | 1,000 | 1,000 |
| | 事業開始後 獲得CF | 31,118 | 31,118 |
| | 建物 | 81,631 | 90,600 |
| | みなし借地権 | 0 | 16,800 |
| | 資産の部合計 | 113,749 | 139,518 |
| 負債 | 未払法人税等 | 2,948 | 2,948 |
| | 借入金 | 0 | 0 |
| | 負債の部合計 | 2,948 | 2,948 |
| 純資産 | 資本金 | 91,600 | 91,600 |
| | 利益剰余金 | 19,201 | 44,970 |
| | 純資産の部合計 | 110,801 | 136,570 |

（建物の90,600に対して：３年内取得は通常の取引価額）

①純資産価額（相続税評価額）　　　　　　　　136,570千円

②評価差額（136,570千円－110,801千円）　　25,769千円

③評価差額に対する法人税等（②×37%）　　　9,534千円

④純資産価額（①－③）　　　　　　　　　　127,036千円

１株当たりの純資産価額（④÷100株）　　　1,270千円

　また，純資産価額の算定上，相続開始前３年以内に取得した土地や建物等については，通常の取引価額により評価を行います（評基通185）。建物の帳簿価額が課税時期における通常の取引価格に相当すると認められる場合は，帳簿価額により評価することができますが（評基通185），本事例の場合は90,600千円が通常の取引価額であるとの前提を置いて試算を行います。個人の相続税評価

においては，相続開始前3年以内に取得した土地や建物について，通常の取引価額により評価を行うといった制約がないため，建物の相続税評価額は固定資産税評価額の34,152千円を採用することができます。一方，非上場株式の純資産価額の評価においては，3年以内取得建物についての制約が入るため，個人所有の場合と比べて，建物の評価額が56,448千円ほど増加することになります。

| | 個人所有 | 80歳で法人化<br>（不動産所有方式） |
|---|---|---|
| 建物の評価額 | 34,152千円 | 90,600千円 |

(c) 相続税の総額

　不動産管理会社の設立と同時に建物を現物出資し82歳（開業後3年未満）で相続が発生すると，相続税の総額は24,768千円となり，法人化をしたことにより，かえって相続税額が高くなる結果となりました。法人化から短期間で相続が発生することで，不動産管理会社の株価が高額になり，法人化のメリットを享受できないこととなります。

（単位：千円）

| 80歳で法人化した<br>場合の相続税試算 | 法人所有（82歳時点） | | | |
|---|---|---|---|---|
| 相続財産の種類 | 各人の合計 | 配偶者 | 長男 | 長女 |
| ＜相続財産＞ | | | | |
| 現預金 | 100,000 | 50,000 | 25,000 | 25,000 |
| 個人蓄積CF | 13,901 | 6,950 | 3,475 | 3,475 |
| 生活費等の費消CF | −10,800 | −5,400 | −2,700 | −2,700 |
| 土地 | 96,000 | 48,000 | 24,000 | 24,000 |
| 小規模宅地等の特例 | −48,000 | −24,000 | −12,000 | −12,000 |
| 建物 | 0 | 0 | 0 | 0 |
| 有価証券（非上場株式） | 127,000 | 63,500 | 31,750 | 31,750 |
| 相続財産　合計 | 278,100 | 139,050 | 69,525 | 69,525 |
| 課税価格 | 278,100 | 139,050 | 69,525 | 69,525 |
| 取得割合 | 1 | 0.5 | 0.25 | 0.25 |

| 相続人数・法定相続分 | 3人 | 1／2 | 1／4 | 1／4 |
|---|---|---|---|---|
| 基礎控除額 | −48,000 | | | |
| 課税遺産総額 | 230,100 | 115,050 | 57,525 | 57,525 |
| 相続税の総額 | 49,536 | 29,020 | 10,258 | 10,258 |
| 各人の按分割合 | 1 | 0.5 | 0.25 | 0.25 |
| 各人の算出税額 | 49,536 | 24,768 | 12,384 | 12,384 |
| 配偶者の税額軽減額 | −24,768 | −24,768 | | |
| 各人の納付税額 | 24,768 | 0 | 12,384 | 12,384 |

| | 個人所有 | 80歳で法人化<br>(不動産所有方式) |
|---|---|---|
| 相続税額 | 15,035千円 | 24,768千円 |
| 相続税額支払後手元<br>現金(法人個人合計) | 113,895千円 | 109,451千円 |

## (d) 法人化後3年目と4年目の株価の違い

　ここからは，不動産管理会社設立から3年目と4年目の株価の違いをシミュレーションします。

(単位：千円)

| | 1年目 | 2年目 | 3年目 | 4年目 |
|---|---|---|---|---|
| 株価評価方法 | 開業後3年未満 | 開業後3年未満 | 開業後3年未満 | 小会社方式 |
| 相続税評価額（100株） | 108,300 | 117,700 | 127,000 | 61,900 |

　開業後3年未満の法人は純資産価額により株価を評価する点に加え，相続開始前3年以内に取得した不動産は時価により評価を行う必要があるため，当初3年間は株価が高くなりやすい傾向があります。本事例でも，設立後3年目の非上場株式の相続税評価額は127,000千円であるのに対し，4年目の相続税評価額は61,900千円と，わずか1年で65,100千円の価額の差が生じています。

**【相続税推移】** （単位：千円）

| | 不動産所有方式 | | | |
|---|---|---|---|---|
| | 80歳 | 81歳 | 82歳 | 83歳 |
| 現預金 | 100,000 | 100,000 | 100,000 | 100,000 |
| 事業開始後　獲得CF | 4,634 | 9,267 | 13,901 | 18,534 |
| 生活費等　年間費消CF | −3,600 | −7,200 | −10,800 | −14,400 |
| 土地 | 96,000 | 96,000 | 96,000 | 96,000 |
| 小規模宅地の特例 | −48,000 | −48,000 | −48,000 | −48,000 |
| 建物 | 0 | 0 | 0 | 0 |
| 有価証券(非上場株式) | 108,300 | 117,700 | 127,000 | 61,900 |
| 純資産価額 | 257,334 | 267,767 | 278,100 | 214,034 |
| 基礎控除 | −48,000 | −48,000 | −48,000 | −48,000 |
| 課税遺産総額 | 209,334 | 219,767 | 230,100 | 166,034 |
| 相続税の総額 | 21,133 | 22,959 | 24,768 | 15,254 |

株価が下落

　また，株価が相続税額へも大きく影響し，法人化から3年目が24,768千円の相続税額であるのに対し，4年目は15,254千円となり，1年の違いで相続税額に9,514千円の差が生じます。

　法人化を検討する場合には，不動産所有者の年齢を勘案し，法人化から3年以内に相続が発生する可能性がある場合には，個人所有のままの方が税務上有利となる結果とならないかについて十分な検討が必要となります。

# 3　まとめ

　相続税は，財産額が多くなるにつれ税率が段階的に高くなる「超過累進税率」が採用されています。不動産が個人所有の場合は，不動産の賃貸期間が長くなればなるほど，家賃収入の蓄積により，相続財産額及び相続税額が増えることになります。法人化を行うと，相続財産が建物から株式に変わり，個人への家

賃収入の蓄積が抑制されたり，非上場株式の評価方法により，相続税評価額が下がる効果が生じます。50歳で法人化を行い82歳で相続を迎えるケースでは，法人化をした方が相続税支払後の法人・個人合計の手元現預金は大きく増加する結果となりました。

　一方で，相続開始までの期間が 3 年以内の場合には注意が必要です。非上場株式の算定上，開業後 3 年未満の法人は純資産価額により評価を行う必要があります。また，相続開始前 3 年以内に取得をした不動産は時価により評価を行う必要があります。本シミュレーションでも80歳で法人化し，82歳で相続を迎えたケースでは，法人化をすることにより，かえって相続税額が上がってしまう結果となりました。これらのシミュレーションにより，法人化を行う「年齢」が重要であることが分かります。法人化を検討する場合には，不動産所有者の年齢を勘案し，法人化から 3 年以内に相続が発生する可能性についても十分な検討が必要となります。

第 **6** 章

# 生前贈与と相続時精算課税制度

## シミュレーション 12

# 株式を基礎控除以下で生前贈与した場合

**シミュレーション内容**

不動産の法人化後に，不動産管理会社の株式を複数年にわたり後継者に
贈与した場合の効果を検証します。

本事例では「贈与税の基礎控除」を活用した相続税対策について検討を行い
ます。贈与税の課税方法には「暦年贈与」と「相続時精算課税制度」の２種類
があります。「暦年贈与」の場合は110万円の基礎控除額がありますが，「相続
時精算課税制度」についても令和６年から基礎控除額110万円が新設されまし
た。基礎控除額の範囲内の贈与であれば，贈与税の負担も申告の義務もありま
せん。本事例では，不動産管理会社の株式を，基礎控除額の範囲内で複数年に
分けて後継者に贈与をするケースについてシミュレーションを行います。

## 1　暦年贈与

### (1)　暦年贈与の概要

暦年贈与では，その年の１月１日から12月31日までの１年間に贈与を受けた
財産の価額の合計額から，暦年課税に係る基礎控除額110万円（措法70の２の４）
を差し引いた残りの額に対して贈与税を算定します。１年間の贈与財産の価額
が110万円を超えなければ贈与税はかからず，贈与税の申告義務も生じません。
基礎控除の範囲内で長年にわたって株式の贈与を行うことで，贈与税の負担を
生じさせずに，不動産管理会社の株式を後継者へ移転することができます。

ただし，基礎控除額の範囲内の贈与であっても，相続開始前７年間の贈与財
産は相続財産に加算（生前贈与加算）をする必要があるため，相続税の負担が
生じます（相法19①）。

176

## (2) 令和6年以降の生前贈与加算の改正

　令和5年までは，相続又は遺贈により財産を取得した者が，相続開始前「3年以内」に被相続人から暦年贈与により財産を取得したことがある場合には，その贈与財産の価額を相続税の課税価格に加算することとされていました（相法19①）。令和5年度の税制改正により，令和6年1月1日以後の贈与により取得する財産にかかる相続税については，加算期間が3年から「7年」へ延長となりました。なお，延長された4年間の加算期間の贈与額の合計額のうち，総額100万円までは加算対象外となります。

　加算期間の延長は段階的に行われていきます。相続開始が令和6年～令和8年の場合は，加算期間は相続開始前3年間ですが，相続開始が令和9年～令和12年までの場合の加算期間は令和6年1月1日以降から相続開始日まで，相続開始が令和13年以降の場合は相続開始前7年間の贈与が加算の対象となります。

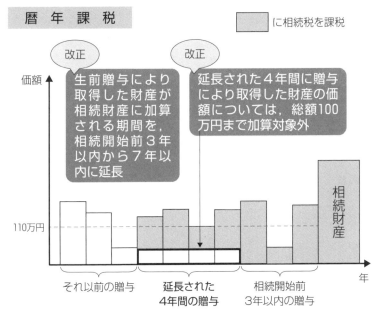

（国税庁ホームページ「令和5年度相続税及び贈与税の税制改正のあらまし（令和5年6月）」を一部加工）

生前贈与加算の期間が 3 年から 7 年に延長されたことに伴い，暦年贈与を活用した相続税対策としての贈与の効果は，従来ほどは期待ができなくなりました。ただし，生前贈与加算の対象者は相続又は遺贈により財産を取得する者に限定されているため，世代を 1 つ飛ばして，相続で財産を取得しない孫等へ暦年贈与を行う方法も有効と考えられます。

## 2　相続時精算課税制度

### (1)　令和5年までの相続時精算課税制度の概要

　相続時精算課税制度とは，原則として60歳以上の父母または祖父母などから，18歳以上の子又は孫などに対し，財産を贈与した場合に選択できる贈与税の制度です。この制度を選択する場合には相続時精算課税制度の届出書の提出が必要となります（相法21の 9 ）。

　相続時精算課税制度を選択した後の贈与税の額は，相続時精算課税の選択に係る贈与者（以下「特定贈与者」）の贈与財産の価額の合計額から，特別控除額2,500万円（相法21の12）を控除した後の金額に，一律20％の税率を乗じて算出します（相法21の13）。特別控除額は複数年にわたり利用できるため，特定贈与者からの贈与の額の合計が2,500万円となるまで贈与税はかかりませんが，贈与の額が特別控除の範囲内であっても相続時精算課税制度を選択した以降は特定贈与者から贈与があった年度は贈与税の申告が必要となります。なお，一度相続時精算課税制度を選択すると，その特定贈与者からの贈与は，以後，暦年贈与を選択することができなくなります。

　相続時精算課税を選択した受贈者（以下「相続時精算課税適用者」）に係る相続税額は，特定贈与者が亡くなった時に，それまでに贈与を受けた相続時精算課税の適用を受ける贈与財産の価額と，相続や遺贈により取得した財産の価額とを合計した金額を基に計算した相続税額から，既に納めた相続時精算課税に係る贈与税相当額を控除して算出します。相続税額から控除しきれない相続時精算課税に係る贈与税相当額については，相続税の申告をすることにより還

178

付を受けることができます。

## (2) 令和6年以降の相続時精算課税の改正

　令和5年度の税制改正により，相続時精算課税制度にも110万円の基礎控除額が設けられました（相法21の11の2，措法70の2の4）。相続時精算課税適用者が特定贈与者から令和6年1月1日以後に贈与により取得した財産に係る贈与税については，暦年課税の基礎控除とは別に，贈与税の課税価格から基礎控除額110万円が控除されます。なお，基礎控除額は特定贈与者ごとに110万円ずつあるわけではないため，同一年中に，2人以上の特定贈与者からの贈与により財産を取得した場合は，基礎控除額110万円を特定贈与者ごとの贈与税の課税価格で按分することになります。令和5年以前の贈与税の申告において相続時精算課税制度を選択していた場合も，令和6年以降の贈与について基礎控除額の適用があります。

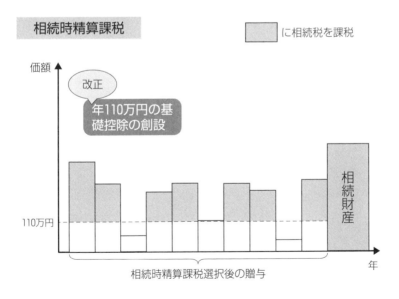

（国税庁ホームページ「令和5年度相続税及び贈与税の税制改正のあらまし（令和5年6月）」を一部加工）

特定贈与者の死亡に係る相続税の課税価格に加算されるその特定贈与者から令和6年1月1日以後に贈与により取得した財産の価額は，基礎控除額を控除した後の残額とされます。

相続時精算課税制度の場合は，例え相続開始前1年以内の贈与であったとしても，110万円以内であれば相続税の計算における相続財産への加算は不要となります。したがって，年間110万円以内の贈与であれば，相続開始前7年間が生前贈与加算の対象となる暦年贈与よりも，相続時精算課税制度を選択した方が相続税の計算上有利となるものと考えられます。

**【暦年贈与と相続時精算課税制度の比較】**

| | 項目 | 暦年贈与制度 | 相続時精算課税制度 |
|---|---|---|---|
| 対象者 | 贈与者 | 制限なし（親族間，第三者も含む） | 60歳以上の親や祖父母 |
| | 受贈者 | 制限なし（親族間，第三者も含む） | 18歳以上の推定相続人たる子（代襲相続人，養子を含む）又は孫 |
| 贈与時 | 基礎控除額 | 贈与を受ける人毎に毎年110万円 | 相続時精算課税の適用を受ける人毎に毎年110万円 |
| | 特別控除額 | なし | 贈与をする人毎に生涯で2,500万円 |
| | 税金 | （贈与額－110万円）×税率（最高55%） | （贈与額－110万円－2,500万円）×20% |
| | 中告手続 | 毎年1月1日から12月31日までの贈与を，翌年3月15日までに申告（基礎控除額以下の場合は申告不要） | ・最初に適用する時の贈与税の申告時に選択届出書等を提出<br>・年110万円までは申告不要で贈与税はかからない<br>・110万円を超えた場合，特別控除額の範囲内でも申告が必要（贈与者毎の計算） |
| 相続時 | 相続財産への加算 | 相続開始前7年以内の贈与は相続財産に加算（相続により財産を取得した人のみ対象） | 相続時精算課税制度適用以後の贈与財産は基礎控除額を控除した残額を相続財産に加算（相続による財産取得がない場合でも相続税は申告する） |
| | 相続税から控除する贈与税額 | 生前贈与加算をした贈与財産に係る贈与税額は控除できるが相続税額を超える部分は還付されない | 支払った贈与税は相続税額から控除できる（還付あり） |

| | 相続時の評価 | 贈与時の評価額 | 贈与時の評価額（2,500万円以内の贈与も含む） |
|---|---|---|---|
| メリット | | 7年内贈与以外は相続財産に加算されない | ・110万円までは相続財産への持ち戻しが不要<br>・一度に2,500万円まで納税なく贈与が可能<br>・贈与の価額で評価するため，相続時の価額が贈与時よりも上昇している場合有利となる |
| デメリット | | ・相続開始前7年以内の贈与は相続財産に加算<br>・遺留分の算定の際には考慮される | ・同一の贈与者からの贈与は暦年課税に戻せない<br>・遺留分の算定の際には考慮される<br>・7年以内に限らず基礎控除を超える額は全て相続財産に加算される |

# 3 20年間にわたり株式を贈与した場合の相続税の比較シミュレーション

　本事例では，不動産管理会社の株式を，20年間にわたり毎年110万円以内で贈与した場合と，贈与をしなかった場合の相続税額を比較します。相続税額のシミュレーションは下記①～③の3つのパターンで行います。なお，相続時精算課税を適用するに当たり，他の特定贈与者はいないものとします。

---

① 贈与をしなかった場合

② 暦年贈与を利用し毎年110万円以内となる株数を20年間贈与した場合

③ 相続時精算課税制度を利用し毎年110万円以内となる株数を20年間贈与した場合

---

| 前提条件 | | |
|---|---|---|
| 不動産管理会社の形態 | サブリース方式 | |
| 発行済株式総数 | 100株 | 元々は贈与者（親）が全株を所有 |
| 贈与年数 | 20年 | 法人設立後5年目から20年間にわたり，110万円の基礎控除内で収まる株数を贈与 |
| 親の相続開始時期 | 20年後 | 20年目の贈与の直後に相続開始と仮定 |

第6章　生前贈与と相続時精算課税制度　*181*

| 暦年贈与の生前贈与加算期間 | 7年間 | 14年目～20年目の7年間の贈与が対象，相続時精算課税制度は生前贈与加算なし |
|---|---|---|
| その他の相続財産の価額 | 7億円 | 非上場株式の他に，預貯金，土地，賃貸用建物を含めたその他の財産が7億円あると仮定 |
| 法定相続人 | 1人 | 受贈者である子供1人のみと仮定 |

## ⑴　20年間の株価の推移と贈与株数

　贈与者の保有株数は100株とし，20年間にわたり，110万円の基礎控除内で収まる株数を贈与していきます。株価は以下の流れに従ってシミュレーションします。

### ①　法人の毎年のキャッシュフローの試算

（単位：千円）

| | | |
|---|---|---:|
| 不動産収支 | **不動産収入** | **36,000** |
| | 役員報酬 | 0 |
| | 税理士報酬 | 150 |
| | 地代家賃 | 32,400 |
| | その他諸経費 | 252 |
| | 不動産経費計 | **32,802** |
| | **法人所得** | **3,198** |
| 各種税額 | 法人税 | 479 |
| | 地方法人税 | 49 |
| | 均等割 | 70 |
| | 法人税割 | 33 |
| | 事業税 | 111 |
| | 特別法人事業税 | 41 |
| | **税額合計** | **783** |

| **法人 CF** | **2,415** |
|---|---:|

182

② 株価の算定

不動産管理会社の株価は次のように算出します。贈与開始は設立から5年後となるため，開業後3年未満の会社には当たらず，小会社で評価を行います。株価は「純資産価額」と「類似業種比準価額×0.5＋純資産価額×0.5」のいずれか低い価額を採用します。

⒜　純資産価額

純資産価額方式は，会社の資産と負債を相続税評価額に洗い替えし，資産の価額から負債や評価差額に対する法人税等相当額を差し引いた残りの金額により評価する方法です。

【前提　不動産管理会社の帳簿価額】　　　　（単位：千円）

| 贈与年数 | 贈与開始前年 | 1年目 | 2年目 | 3年目 | 4年目 | 5年目 | 10年目 | 15年目 | 20年目 |
|---|---|---|---|---|---|---|---|---|---|
| 現預金 | 1,000 | 1,000 | 1,000 | 1,000 | 1,000 | 1,000 | 1,000 | 1,000 | 1,000 |
| 事業開始後獲得CF | 12,858 | 15,273 | 17,688 | 20,103 | 22,518 | 24,933 | 37,008 | 49,083 | 61,158 |
| 資産の部合計 | 13,858 | 16,273 | 18,688 | 21,103 | 23,518 | 25,933 | 38,008 | 50,083 | 62,158 |
| 未払法人税等 | 783 | 783 | 783 | 783 | 783 | 783 | 783 | 783 | 783 |
| 負債の部合計 | 783 | 783 | 783 | 783 | 783 | 783 | 783 | 783 | 783 |
| 資本金 | 1,000 | 1,000 | 1,000 | 1,000 | 1,000 | 1,000 | 1,000 | 1,000 | 1,000 |
| 利益剰余金 | 12,075 | 14,490 | 16,905 | 19,320 | 21,735 | 24,150 | 36,225 | 48,300 | 60,375 |
| 純資産の部合計 | 13,075 | 15,490 | 17,905 | 20,320 | 22,735 | 25,150 | 37,225 | 49,300 | 61,375 |

本事例の不動産管理会社の形態はサブリース方式のため，不動産管理会社の資産は現預金のみ，負債は毎年発生する法人税等の未払金のみとなり，簿価純資産価額と相続税評価額は同額となります。そのため，評価差額に対する法人税等の控除はありません。

贈与1年目の1株当たりの純資産価額は，下記算式で算定します。

第6章　生前贈与と相続時精算課税制度　　*183*

**【純資産価額】**

| 相続税評価額 | | | 帳簿価額 | | |
|---|---|---|---|---|---|
| ① | ② | ③ | ④ | ⑤ | ⑥ |
| 資産の部 | 負債の部 | 純資産価額<br>①-② | 資産の部 | 負債の部 | 純資産価額<br>④-⑤ |
| 16,273千円 | 783千円 | 15,490千円 | 16,273千円 | 783千円 | 15,490千円 |

| ⑦ | ⑧ | ⑨ | ⑩ | ⑪ |
|---|---|---|---|---|
| 評価差額<br>③-⑥ | 評価差額に<br>対する法人税<br>⑦×37% | 純資産価額<br>③-⑧ | 発行済株式数 | 1株当たり純資産価額<br>⑨÷⑩ |
| 0千円 | 0千円 | 15,490千円 | 100株 | **154千円** |

(b) 類似業種比準価額

類似業種比準方式とは，類似業種の株価を基に，評価をする会社の1株当たりの「配当金額」，「利益金額」及び「純資産価額（簿価）」の3つの価額を比準して評価する方法で，次の算式によって計算します。

> 類似業種の株価×比準割合×斟酌率×1株当たりの資本金等の額÷50

本不動産管理会社の贈与1年目の類似業種比準価額は次のように計算します。

❶ 類似業種の株価は基準日以前3か月間の各月及び基準月以前2年間の平均株価，前年平均株価のうち最も低いものを採用します。今回は，課税時期を令和5年8月として業種目「No.92」不動産業，物品賃貸業の株価「364円」を採用しています。

なお，類似業種が中分類に区分されている業種目の場合は，中分類の業種目（「No.94」不動産賃貸業・管理業）と，その業種目の属する大分類の業種目（「No.94」不動産業，物品賃貸業）のいずれかを選択することができます。

## 【類似業種比準価額計算上の業種目及び業種目別株価等（令和5年分）】

(単位：円)

| 業　種　目 | | | B 配当金額 | C 利益金額 | D 簿価純資産価額 | A（株価） | | |
|---|---|---|---|---|---|---|---|---|
| 大分類 / 中分類 / 小分類 | 番号 | 内容 | | | | 平均令和4年 | 11 4月年分 | 12 4月年分 |
| **不動産業, 物品賃貸業** | 92 | | 7.8 | 53 | 292 | 364 | 376 | 373 |
| 不動産取引業 | 93 | 不動産の売買, 交換又は不動産の売買, 貸借, 交換の代理若しくは仲介を行うもの | 7.2 | 62 | 282 | 327 | 337 | 337 |
| 不動産賃貸業・管理業 | 94 | 不動産の賃貸又は管理を行うもの | 8.2 | 44 | 248 | 385 | 406 | 406 |

## 【類似業種比準価額計算上の業種目及び業種目別株価等（令和5年分）】

(単位：円)

| 業　種　目 | | | A（株価）【上段：各月の株価, 下段：課税時期の属する月以前2年間の平均株価】 | | | | | | | | | | |
|---|---|---|---|---|---|---|---|---|---|---|---|---|---|
| 大分類 / 中分類 / 小分類 | 番号 | | 1 令和5年月分 | 2月分 | 3月分 | 4月分 | 5月分 | 6月分 | 7月分 | 8月分 | 9月分 | 10月分 | 11月分 | 12月分 |
| **不動産業, 物品賃貸業** | 92 | | 370 / 373 | 380 / 373 | 383 / 372 | 383 / 372 | 389 / 372 | 401 / 373 | 410 / 374 | 415 / 376 | | | | |
| 不動産取引業 | 93 | | 328 / 320 | 332 / 322 | 327 / 323 | 324 / 323 | 336 / 325 | 359 / 327 | 366 / 330 | 370 / 332 | | | | |
| 不動産賃貸業・管理業 | 94 | | 409 / 391 | 414 / 393 | 424 / 394 | 430 / 395 | 432 / 396 | 433 / 397 | 441 / 399 | 454 / 402 | | | | |

❷　比準割合は下記の算式で算定します。

┌ 比準割合の算定 ─────────────────────

$$\frac{\dfrac{Ⓑ}{B}+\dfrac{Ⓒ}{C}+\dfrac{Ⓓ}{D}}{3}$$

「Ⓑ」＝評価会社の1株当たりの配当金額
「Ⓒ」＝評価会社の1株当たりの利益金額
「Ⓓ」＝評価会社の1株当たりの純資産価額（帳簿価額によって計算した金額）
「B」＝課税時期の属する年の類似業種の1株当たりの配当金額
「C」＝課税時期の属する年の類似業種の1株当たりの年利益金額
「D」＝課税時期の属する年の類似業種の1株当たりの純資産価額
　　　（帳簿価額によって計算した金額）

第6章　生前贈与と相続時精算課税制度　**185**

業種目「No.92」の比準要素は業種目別株価表より下記となります。

| 類似業種 | 金額 |
|---|---|
| B（1株当たりの配当金額） | 7.8円 |
| C（1株当たりの年利益金額） | 53円 |
| D（1株当たりの純資産価額※簿価） | 292円 |

Ⓑ 「1株当たりの配当金額」は，直前期末以前2年間におけるその会社の剰余金の配当金額（特別配当等を除きます）の合計額の2分の1に相当する金額を，直前期末における発行済株式数 (※1) で除して計算した金額をいいます。

Ⓒ 「1株当たりの利益金額」は，直前期末以前1年間における法人税の課税所得金額（非経常的な利益の金額を除きます）に，その所得の計算上益金に算入されなかった剰余金の配当等の金額（所得税額相当額を除きます）及び損金に算入された繰越欠損金の控除額を加算した金額（その金額が負数のときは，ゼロとします）を，直前期末における発行済株式数 (※1) で除して計算した金額です。ただし，納税義務者の選択により，直前期末以前2年間の各事業年度について，それぞれ法人税の課税所得金額を基とし上記に準じて計算した金額の合計額（その合計額が負数のときは，ゼロとします）の2分の1に相当する金額を直前期末における発行済株式数で除して計算した金額とすることができます。

Ⓓ 「1株当たりの純資産価額（帳簿価額によって計算した金額）」は，直前期末における資本金等の額及び利益積立金額（法法2⑱）に相当する金額（法人税申告書別表5(1)「利益積立金額及び資本金等の額の計算に関する明細書」の差引翌期首現在利益積立金額の差引合計額）の合計額を直前期末における発行済株式数 (※1) で除して計算した金額です。

（※1）　類似業種比準価額の計算に当たっては，Ⓑ，Ⓒ及びⒹの金額を計算する上での「直前期末における発行済株式数」は1株当たりの資本金等の額を50円とした場合の発行済み株式数となります。本シミュレーションでは，資本金等の額1,000千円÷50円＝20,000株となります。

**【評価会社の比準割合】**

$$\frac{\frac{0}{7.8}+\frac{159}{53}+\frac{774}{292}}{3}=1.883 \rightarrow 1.88$$

Ⓑ…配当がないため0円

Ⓒ…(イ) 3,198千円÷20,000株=159.9 → 159円

　　(ロ) (3,198千円+3,198千円)/2÷20,000株=159.9 → 159円

　　(ハ) (イ)=(ロ)　∴159円

Ⓓ…15,490千円(※2) ÷20,000株=774.5→774円

(※2) 今回は簡便的に法人の簿価上の利益剰余金を利益積立金(簿価)とします。

❸　斟酌率=大会社0.7，中会社0.6，小会社0.5

　　今回は小会社のため0.5を採用

❹　1株当たりの資本金等の額を50円で除した金額

| 直前期末の資本金等の額<br>1,000千円 | ÷ | 直前期末の発行済株式数<br>100株 | = | 1株当たり資本金等の額<br>10千円 |
|---|---|---|---|---|

**【類似業種比準価額】**

 ×  ×  ×  =

**【贈与1年目の株価】**

(イ) 純資産価額154千円

(ロ) 類似業種比準価額68千円×0.5+純資産価額154千円×0.5=112千円

(ハ) (イ)>(ロ)　∴112千円

1年目と同様に20年間の評価会社の純資産価額及び類似業種比準価額をシミュレーションすると以下のようになります。

## 【評価会社の純資産価額の推移】

（単位：千円）

| | 贈与開始前年 | 1年目 | 2年目 | 3年目 | 4年目 | 5年目 | 10年目 | 15年目 | 20年目 |
|---|---|---|---|---|---|---|---|---|---|
| 純資産価額（簿価） | 13,075 | 15,490 | 17,905 | 20,320 | 22,735 | 25,150 | 37,225 | 49,300 | 61,375 |
| 純資産価額（相続税評価額） | 13,075 | 15,490 | 17,905 | 20,320 | 22,735 | 25,150 | 37,225 | 49,300 | 61,375 |
| 評価差額に対する法人税等 | 0 | 0 | 0 | 0 | 0 | 0 | 0 | 0 | 0 |
| 純資産価額 | 13,075 | 15,490 | 17,905 | 20,320 | 22,735 | 25,150 | 37,225 | 49,300 | 61,375 |
| 1株当たりの純資産価額 | 130 | 154 | 179 | 203 | 227 | 251 | 372 | 493 | 613 |

## 【評価会社の類似業種比準価額の推移】

| 年度 | 贈与開始前年 | 1年目 | 2年目 | 3年目 | 4年目 | 5年目 | 10年目 | 15年目 | 20年目 |
|---|---|---|---|---|---|---|---|---|---|
| 年配当金額 | 0 | 0 | 0 | 0 | 0 | 0 | 0 | 0 | 0 |
| Ⓑ | 0 | 0 | 0 | 0 | 0 | 0 | 0 | 0 | 0 |
| Ⓑ/B | 0 | 0 | 0 | 0 | 0 | 0 | 0 | 0 | 0 |
| 年利益金額 | 3,198千円 | 3,198千円 | 3,198千円 | 3,198千円 | 3,198千円 | 3,198千円 | 3,198千円 | 3,198千円 | 3,198千円 |
| Ⓒ | 159円 | 159円 | 159円 | 159円 | 159円 | 159円 | 159円 | 159円 | 159円 |
| Ⓒ/C | 3.00円 | 3.00円 | 3.00円 | 3.00円 | 3.00円 | 3.00円 | 3.00円 | 3.00円 | 3.00円 |
| 純資産価額 | 13,075千円 | 15,490千円 | 17,905千円 | 20,320千円 | 22,735千円 | 25,150千円 | 37,225千円 | 49,300千円 | 61,375千円 |
| Ⓓ | 653円 | 774円 | 895円 | 1,016円 | 1,136円 | 1,257円 | 1,861円 | 2,465円 | 3,068円 |
| Ⓓ/D | 2.23円 | 2.65円 | 3.06円 | 3.47円 | 3.89円 | 4.30円 | 6.37円 | 8.44円 | 10.50円 |
| 比準割合 | 1.74円 | 1.88円 | 2.02円 | 2.15円 | 2.29円 | 2.43円 | 3.12円 | 3.81円 | 4.50円 |
| 1株(50円)当たりの比準価額 | 316.6円 | 342.1円 | 367.6円 | 391.3円 | 416.7円 | 442.2円 | 567.8円 | 693.4円 | 819.0円 |
| 類似業種比準価額 | 63千円 | 68千円 | 74千円 | 78千円 | 83千円 | 88千円 | 114千円 | 139千円 | 164千円 |

### ③ 各年における贈与株数の算出

②により算出した，各年の非上場株式の評価額を元に，基礎控除額の110万円以下となる贈与株数を算出します。

| | 1年目 | 2年目 | 3年目 | 4年目 | 5年目 | 6年目 | 7年目 | 8年目 | 9年目 | 10年目 |
|---|---|---|---|---|---|---|---|---|---|---|
| 株価(千円) | 112 | 126 | 141 | 155 | 170 | 185 | 199 | 214 | 228 | 243 |
| 贈与株数 | 9株 | 8株 | 7株 | 7株 | 6株 | 5株 | 5株 | 5株 | 4株 | 4株 |
| 評価額(千円) | 1,008 | 1,008 | 987 | 1,085 | 1,020 | 925 | 995 | 1,070 | 912 | 972 |

| 11年目 | 12年目 | 13年目 | 14年目 | 15年目 | 16年目 | 17年目 | 18年目 | 19年目 | 20年目 | 合計 |
|---|---|---|---|---|---|---|---|---|---|---|
| 258 | 272 | 287 | 301 | 316 | 330 | 345 | 360 | 374 | 389 | |
| 4株 | 4株 | 3株 | 3株 | 3株 | 3株 | 3株 | 3株 | 2株 | 2株 | **90株** |
| 1,032 | 1,088 | 861 | 903 | 948 | 990 | 1,035 | 1,080 | 748 | 778 | **19,445** |

家賃収入の蓄積に伴い，不動産管理会社の株価が毎年上昇していくため，110万円以内となる贈与株数は，年数の経過とともに少しずつ減少します。贈与開始1年目は9株を贈与することができますが，20年目は2株まで減少します。20年間の合計で，贈与者が所有する100株のうち，90株を贈与することができます。

### ④ 贈与をしなかった場合と20年間にわたり贈与をした場合の相続税額の比較

贈与者の相続開始時期は贈与開始後20年目，相続開始時の株価は20年目の贈与時の株価と同額と仮定し，①贈与を行わない場合，②20年にわたり暦年贈与をする場合，③20年にわたり相続時精算課税贈与をする場合の3つのパターンについてシミュレーションを行います。なお，本事例では，非上場株式の贈与による効果を分かりやすく数字に反映させるため，非上場株式以外の財産額を7億円と，高額に設定しています。

（単位：千円）

| | ①<br>贈与なし | ②<br>20年間贈与<br>暦年／生前加算有 | 差額<br>②－① | ③<br>20年間贈与<br>精算課税 | 差額<br>③－① |
|---|---|---|---|---|---|
| 非上場株式の相続税評価額 | 38,878 | 3,888 | －34,990 | 3,888 | －34,990 |
| 非上場株式以外の相続財産額 | 700,000 | 700,000 | 0 | 700,000 | 0 |
| 生前贈与加算 | | 6,482 | 6,482 | | |
| 　生前贈与加算対象外 | | －1,000 | －1,000 | | |
| 課税価格 | 738,878 | 709,370 | －29,508 | 703,888 | －34,990 |
| 相続税 | 314,583 | 298,354 | －16,229 | 295,339 | －19,244 |

　①非上場株式の贈与をしなかった場合と，②20年間にわたり110万円以内で
暦年贈与をした場合の相続税の差は16,229千円，①贈与をしなかった場合と③
20年間にわたり相続時精算課税制度を使い110万円以内で贈与した場合の差は
19,244千円となります。贈与を行った株式は生前贈与加算分を除き贈与者の相
続財産から除外されるため，贈与を行った方が相続税額の圧縮効果があること
が分かります。

　下記の表のとおり，「相続税」も「贈与税」も超過累進税率を採用している
ため，相続税率が高い場合には，相続税率よりも低い贈与税率で継続的に生前
贈与を行うことで，相続税額の圧縮を図ることができます。なお，本シミュレー
ションでは基礎控除の110万円以下となる，贈与税が生じない株数で暦年贈与
を行いましたが，相続税率が高い場合（55％等）には，相続税よりも低い贈与
税率（30％等）で，贈与税を払い，複数年にわたり贈与を行った方が，より相
続税の圧縮効果は高まることになります。

190

**【相続税の速算表】**

| 法定相続分に応ずる取得金額 | 税率 | 控除額 |
|---|---|---|
| 10,000千円以下 | 10% | 0 千円 |
| 10,000千円超から 30,000千円以下 | 15% | 500千円 |
| 30,000千円超から 50,000千円以下 | 20% | 2,000千円 |
| 50,000千円超から100,000千円以下 | 30% | 7,000千円 |
| 100,000千円超から200,000千円以下 | 40% | 17,000千円 |
| 200,000千円超から300,000千円以下 | 45% | 27,000千円 |
| 300,000千円超から600,000千円以下 | 50% | 42,000千円 |
| 600,000千円超 | 55% | 72,000千円 |

**【贈与税の速算表〈特例贈与財産用〉（特例税率）親から18歳以上の子への贈与等】**

| 基礎控除後の課税価格 | 200万円以下 | 400万円以下 | 600万円以下 | 1,000万円以下 | 1,500万円以下 | 3,000万円以下 | 4,500万円以下 | 4,500万円超 |
|---|---|---|---|---|---|---|---|---|
| 税率 | 10% | 15% | 20% | 30% | 40% | 45% | 50% | 55% |
| 控除額 | ― | 10万円 | 30万円 | 90万円 | 190万円 | 265万円 | 415万円 | 640万円 |

　また，暦年贈与では相続開始前7年間の生前贈与加算額6,482千円が相続財産に加算される分，年間110万円までは持ち戻しのない相続時精算課税制度よりも相続税額の負担は増えます。贈与者が高齢の場合で，年間110万円以内の贈与しか行わない場合には，生前贈与加算の可能性を考慮し，相続時精算課税制度を選択する方法も有効となります。

# 4　不動産の贈与

　本事例では，不動産管理会社の「株式」を贈与する方法を検討しましたが，法人化をしていない場合は，個人が保有する「不動産」を後継者へ贈与していく方法も考えられます。株式の贈与と同じく，土地や建物を基礎控除の110万円以内，もしくは相続税率よりも低い贈与税率となる水準の持ち分で毎年贈与することも有効です。

「不動産」を贈与する場合には,「小規模宅地等の特例」の適用への影響の検討や,「移転コスト」等について総合的に検討を行う必要があります。

　不動産を賃貸事業の用に供している場合,相続税計算上の土地評価において,「小規模宅地等の特例」を適用し,評価額を50％減額することができます。

　また,土地や建物を贈与する場合,不動産取得税が3～4％程度,登録免許税が2％程度,登記にかかる司法書士費用もかかります。不動産の贈与は,現金や非上場株式とは異なり,贈与をする毎にコストがかかる点についても考慮する必要があります。

## シミュレーション 13

# 退職金の支払と相続時精算課税贈与をした場合

**シミュレーション内容**

不動産の法人化をした場合，不動産管理会社から個人オーナーに退職金を支払うことができます。退職金を支払うことにより，不動産管理会社の株価を引き下げることができます。本事例は，退職金の支払による株価引下げ効果の検証と，相続税精算課税贈与を行った場合の相続税への影響についてシミュレーションを行います。

## 1　役員退職金の算定方法

　法人は役員や従業員が退職する際に退職金を支給することができます。役員退職金は，法人税法上，不相当に高額な部分を除き損金に算入することが認められています。役員退職金の支給額の算定方法は複数ありますが，「功績倍率法」に基づいて決定されるケースが最も多いものと思われます。

### 【功績倍率法】

役員退職金＝最終報酬月額×役員としての勤続年数×功績倍率

　適正な額の役員退職金は法人税法上の損金に算入することができますが，役員退職金の支給額が高額になることが多いため，税務調査等で「適正額」について争われることがあります。功績倍率法の計算式の中で特に争点になりやすいのが「功績倍率」です。

　実務では，東京高裁の判決（昭和56年11月18日）において認められた功績倍率（次表参照）を根拠として倍率を採用するケースが多いようです。しかし，功績倍率は何倍までであれば問題がないといった税務上の規定がないため，倍

第6章　生前贈与と相続時精算課税制度　　*193*

率の決定に当たっては会社や役員の功績実態と個別事情に合わせた判断が必要
となります。

**【功績倍率】**

〈東京地裁昭和55年5月26日課税庁主張，東京高裁昭和56年11月18日支持〉

| 役位 | 代表取締役 | 専務取締役 | 常務取締役 | 平取締役 | 監査役 |
|------|-----------|-----------|-----------|---------|--------|
| 功績倍率 | 3.0倍 | 2.4倍 | 2.2倍 | 1.8倍 | 1.6倍 |

# 2 生前退職金と死亡退職金

退職金の支給は生前に退職をしたことにより支払われる「生前退職金」と在
職中に死亡退職したことにより支払われる「死亡退職金」の2種類があります。

## (1) 生前退職金

生前退職金の支給を受けた役員には所得税が課税されます。所得区分は退職
所得となり，退職所得控除の適用が可能です。また，法人側では支払う退職金
が損金となり，法人の株価を引き下げる効果が生じます。ただし，生前退職金
は現預金として受取人の相続財産を構成することとなるため，退職金支給額と
支払時期，株価や相続税額への影響については十分な検討が必要となります。
なお，生前退職金を支給した後は，原則として，法人からの給与の支払がなく
なるため，退職後の役員の生活費等の基となる収入の確保についても考慮が必
要でしょう。

## (2) 死亡退職金

死亡退職金はみなし相続財産に当たり，退職金の支払を受けた相続人等に対
し相続税が課税されます（相法3①二）。死亡退職金には相続税法上の非課税
の規定があり，相続人1人につき500万円が非課税となります（相法12①6）。

また，死亡退職金は，非上場株式の純資産価額の評価上，「未払死亡退職金」
として負債に計上することができます（評基通186）。純資産価額を下げる効果

が生じ，法人の株価を引き下げることができます。なお，功績倍率法を用いる場合，死亡退職金が適正額として法人税法上の損金に算入されるためには，原則として相続発生時まで給与を支給し続ける必要があるため，給与の蓄積が被相続人の現預金の増加に繋がり，相続財産額を押し上げる要因となる点にも注意が必要です。

| | 生前退職金 | 死亡退職金 |
|---|---|---|
| 個人への課税 | ・受け取る退職者に所得税が課税<br>・退職所得＝(収入金額－退職所得控除額)<br>　　　　　×1/2<br>・退職所得控除額<br>　勤続20年以下：勤続年数×400千円<br>　勤続20年超：8,000千円+700千円×<br>　　　　　　　(勤続年数－20年) | ・受け取る相続人等に相続税が課税<br>・みなし相続財産<br>・死亡退職金の非課税限度額<br>　5,000千円×法定相続人の数 |

# 3 相続時精算課税による贈与

相続時精算課税制度とは，原則として60歳以上の父母又は祖父母などから，18歳以上の子又は孫などに対し，財産を贈与した場合に選択できる贈与税の制度です。この制度を選択する場合には相続時精算課税選択届出書の提出が必要となります（相法21の9）。

相続時精算課税に係る贈与税の額は，相続時精算課税の選択に係る贈与者（以下「特定贈与者」といいます）からの贈与財産の価額の合計額から，基礎控除額110万円及び特別控除額2,500万円控除した後の金額に，一律20％の税率を乗じて算出します（相法21の12，21の13）。特別控除額は複数年にわたり利用できるため，特別控除額の上限である2,500万円に達するまでは贈与税はかかりません。

相続時精算課税を選択した受贈者（以下「相続時精算課税適用者」といいます）に係る相続税額は，特定贈与者が亡くなった時に，それまでに贈与を受けた相続時精算課税の適用を受ける贈与財産の価額と相続により取得した財産の価額を合計した金額を基に計算した相続税額から，既に納めた相続時精算課税

に係る贈与税額を控除して算出します。その際，相続税額から控除しきれない相続時精算課税に係る贈与税額については，相続税の申告をすることにより還付を受けることができます。

　令和5年度の税制改正により相続時精算課税制度に110万円の基礎控除額が設けられました（相法21の11の2，措法70の2の4）。相続時精算課税適用者が特定贈与者から令和6年1月1日以後の贈与により取得した財産に係る贈与税については，暦年課税の基礎控除とは別に，贈与税の課税価格から基礎控除額110万円が控除されます。令和5年分以前の贈与税の申告において相続時精算課税を選択した場合も令和6年以降の贈与について基礎控除額の適用があります。

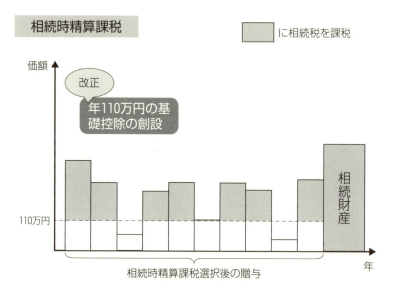

(国税庁ホームページ「令和5年度相続税及び贈与税の税制改正のあらまし（令和5年6月）」より一部加工)

　特定贈与者の死亡に係る相続税の課税価格に加算されるその特定贈与者から令和6年1月1日以後に贈与により取得した財産の価額は，基礎控除額を控除した後の残額とされます。相続時精算課税を選択した場合，その後，同じ贈与

者からの贈与について暦年課税へ変更することはできないため注意が必要となります。なお，暦年課税制度については シミュレーション12 に詳細を記載しています。

相続時精算課税制度の特徴をまとめると以下のようになります。

---
○　2,500万円までは税負担がなく贈与ができる。

○　相続時に持ち戻しの対象となるものの，贈与時の価額で相続財産に加算するため，相続時の評価額が贈与時より上昇する見込みのある財産を贈与する場合にメリットがある。

○　110万円の基礎控除額以内であれば持ち戻しがない。
---

# 4　退職金の支給と相続時精算課税による株式贈与のシミュレーション

## ⑴　相続時精算課税制度を活用した株式の贈与とシミュレーション

法人の株価が将来にわたり上昇する見込みである場合，生前に何らかの要因で株価が下落したタイミングで相続時精算課税制度を利用し，株式を後継者に贈与する方法は有効な株式承継方法の1つと考えられます。本事例では，不動産管理会社のオーナー個人に対して生前退職金を支給し，株価が下がったタイミングで相続時精算課税制度を適用して後継者に株式を贈与した場合の相続税への影響についてシミュレーションを行います。

## ⑵　退職金の支給がない場合のオーナーの年齢別毎の株価の推移

シミュレーションの前提は以下とします。

| 前提条件 | |
|---|---|
| 年齢 | 55歳で不動産管理会社の役員となり，80歳で相続が開始 |
| 方式 | 不動産所有方式を選択（土地は個人，建物は法人所有） |
| 発行済株式総数 | 100株 |

第6章　生前贈与と相続時精算課税制度　*197*

| | |
|---|---|
| 相続人 | 子供1人のみ |
| 会社規模 | 小会社 |
| 株価評価方法 | 「類似業種比準価額×0.5＋純資産価額×0.5」の算式により評価 |

　まず，退職金の支給がない場合のオーナー個人の年齢別の株価をみていきましょう。財産評価基本通達により算出した，年齢別の株価の推移は以下とします。

| オーナーの年齢 | 70歳 | 78歳 | 80歳 |
|---|---|---|---|
| 役員在任期間 | 15年目 | 23年目 | 25年目 |
| 1株当たりの株価 | 858円 | 1,450円 | 1,595円 |
| 相続税評価額（100株＝合計） | 85,801千円 | 145,030千円 | 159,514千円 |

　80歳時点での不動産管理会社の類似業種比準価額，純資産価額はそれぞれ下記の方法で算定しています。

**【類似業種比準価額】**

① **類似業種の株価**

　類似業種の株価は基準日以前3か月間の各月の平均株価，基準月以前の2年間の平均株価，前年平均株価のうち最も低いものを採用します。本シミュレーションでは，課税時期を令和5年8月として業種目「No.92」の不動産業，物品賃貸業の株価「364円」を採用しています。

② **比準割合**

　比準割合は下記の算式で算定します。今回は業種目「No.92」の不動産業，物品賃貸業の比準要素により算出した「18.79」で算定しています。

比準割合の算定

$$\left( \frac{\frac{Ⓑ}{B} + \frac{Ⓒ}{C} + \frac{Ⓓ}{D}}{3} \right)$$

「Ⓑ」＝評価会社の１株当たりの配当金額
「Ⓒ」＝評価会社の１株当たりの利益金額
「Ⓓ」＝評価会社の１株当たりの純資産価額（帳簿価額によって計算した金額）
「B」＝課税時期の属する年の類似業種の１株当たりの配当金額
「C」＝課税時期の属する年の類似業種の１株当たりの年利益金額
「D」＝課税時期の属する年の類似業種の１株当たりの純資産価額
　　　（帳簿価額によって計算した金額）

③　斟酌率

　大会社0.7，中会社0.6，小会社0.5となります。本事例の不動産管理会社は小会社に当たるため0.5を乗じます。

④　１株当たりの資本金等の額を50円とした場合の発行済み株数等

| 直前期末の資本金等の額 1,000千円 | ÷ | 直前期末の発行済株式数 100株 | ＝ | １株当たり資本金等の額 10千円 |
|---|---|---|---|---|

10千円÷50円＝200円

**【純資産価額】**

| 相続税評価額 | | | 帳簿価額 | | |
|---|---|---|---|---|---|
| ① | ② | ③ | ④ | ⑤ | ⑥ |
| 資産の部 | 負債の部 | 純資産価額 ①－② | 資産の部 | 負債の部 | 純資産価額 ④－⑤ |
| 286,533千円 | 35,899千円 | 250,634千円 | 287,938千円 | 35,899千円 | 252,039千円 |

| ⑦ | ⑧ | ⑨ | ⑩ | ⑪ |
|---|---|---|---|---|
| 評価差額 ③－⑥ | 評価差額に対する法人税 ⑦×37% | 純資産価額 ③－⑧ | 発行済株式数 | １株当たり純資産価額 ⑨÷⑩ |
| ０千円 | ０千円 | 250,634千円 | 100株 | **2,506千円** |

第６章　生前贈与と相続時精算課税制度　*199*

**【1株当たりの株価】**

①　純資産価額2,506千円

②　類似業種比準価額683千円×0.5＋純資産価額2,506千円×0.5＝1,594千円

③　①＞②　∴1,594千円

## (3)　退職金の支給をした場合の株価への影響

　次に，70歳，78歳，80歳の時点で退職金の支払を行った場合の不動産管理会社の株価への影響をシミュレーションします。退職金支給額は功績倍率法により算定することとし，最終報酬月額500千円，功績倍率2.5倍を前提とします。

①　70歳で生前に退職をし，生前退職金を支給した場合の株価

②　78歳で生前に退職をし，生前退職金を支給した場合の株価

③　80歳で死亡した際に死亡退職金を支払った場合の株価

**【功績倍率法による年齢別の退職金支給額】**

| 退職支給年齢 | 最終月額報酬 | 功績倍率 | 在任期間 | 退職金支給額 |
|---|---|---|---|---|
| | ① | ② | ③ | ①×②×③ |
| 70歳 | | | 15年 | 18,750千円 |
| 78歳 | 500千円 | 2.5 | 23年 | 28,750千円 |
| 80歳 | | | 25年 | 31,250千円 |

　3つのパターンによる株価はそれぞれ次のようになります。

(単位:千円)

| | | 生前退職金70歳<br>（在任期間15年） | 生前退職金78歳<br>（在任期間23年） | 死亡退職金80歳<br>（在任期間25年） |
|---|---|---|---|---|
| ① | 退職金支給額 | 18,750 | 28,750 | 31,250 |
| ② | 退職金にかかる所得税・住民税額 | 1,485 | 2,473 | 0 |
| ③ | 退職金の手取り（①－②） | 17,265 | 26,277 | 31,250 |

| | | 688 | 1,222 | 1,439 |
|---|---|---|---|---|
| 1株当たりの株価 | | | | |
| 相続税評価額（100株） | | 68,771 | 122,214 | 143,889 |

80歳で死亡退職金を支払った場合の株価は以下の手順で算出しています。

**【類似業種比準価額】**

| 類似業種の株価 | × | 比準割合 | × | 斟酌率 | × | 1株当たりの資本金等の額÷50円 | = | 類似業種比準価格 |
|---|---|---|---|---|---|---|---|---|
| 364円 | | 18.79 | | 0.5 | | 200円 | | **683千円** |

類似業種比準価額は死亡退職金の支払がない場合と同額になります。

**【純資産価額】**

| 相続税評価額 | | | 帳簿価額 | | |
|---|---|---|---|---|---|
| ① | ② | ③ | ④ | ⑤ | ⑥ |
| 資産の部 | 負債の部 | 純資産価額①－② | 資産の部 | 負債の部 | 純資産価額④－⑤ |
| 286,533千円 | 67,149千円 | 219,384千円 | 287,938千円 | 67,149千円 | 220,789千円 |

| ⑦ | ⑧ | ⑨ | ⑩ | ⑪ |
|---|---|---|---|---|
| 評価差額③－⑥ | 評価差額に対する法人税⑦×37% | 純資産価額③－⑧ | 発行済株式数 | 1株当たり純資産価額⑨÷⑩ |
| 0千円 | 0千円 | 219,384千円 | 100株 | **2,193千円** |

　純資産価額の算定においては，死亡退職金31,250千円を「未払退職金」として負債の部に計上するため，退職金の支給がない場合よりも1株当たりの純資産価額が下がることになります。

**【1株当たりの株価】**

① 　純資産価額2,193千円

② 　類似業種比準価額683千円×0.5＋純資産価額2,193千円×0.5＝1,438千円

③ 　①＞②　∴1,438千円

**【退職金の支給の有無による株価の比較】**

(単位：千円)

| | | 生前退職金70歳<br>(在任期間15年) | 生前退職金78歳<br>(在任期間23年) | 死亡退職金80歳<br>(在任期間25年) |
|---|---|---|---|---|
| ① | 退職金を支給しない場合<br>の株価 | 85,801 | 145,030 | 159,514 |
| ② | 退職金を支給した場合の<br>株価 | 68,771 | 122,214 | 143,889 |
| | 差額（①−②） | 17,030 | 22,816 | 15,625 |

　退職金を支給しない場合と支給した場合の株価を比較すると，いずれの年齢でも，退職金の支給により，不動産管理会社の株価が下がる効果が生ずることが分かります。

## (4)　相続税額への影響

　ここまでのシミュレーションにより，退職金の支給は不動産管理会社の株価を引き下げる効果があることが分かりました。ここからは，オーナー個人の相続税額への影響について検証を行いたいと思います。相続税額の検証は，次の4つのパターンに分けて行います。

---

①　相続対策を何もしなかった場合（退職金の支払いをしなかった場合）

②　70歳で**生前退職金**を支払った後，株式を**相続時精算課税**により贈与した場合

③　78歳で**生前退職金**を支払った後，株式を**相続時精算課税**により贈与した場合

④　80歳で相続時に**死亡退職金**の支払を行い，子供に株を**相続**させた場合

---

上記①〜④のそれぞれのケース別の相続税額は以下となります。

| 前提条件 |
|---|

（単位：円）

| 現預金 | 100,000 | 相続税の試算上，相続開始時に個人が所有する現預金 |
|---|---|---|
| 土地の相続税評価額 | 240,000 | 自用地評価：土地の時価375,000千円×80％＝300,000千円<br>貸宅地評価：300,000千円×80％＝240,000千円（無償返還の届出ありと仮定） |
| 小規模宅地等の特例 | −120,000 | 貸付事業用宅地等の適用ありと仮定し50％減額 |
| 法定相続人 | 1人 | 相続人は子1人 |

**【相続税額】**　　　　　　　　　　　　　　　　　　　　（単位：千円）

| | ① | ② | ③ | ④ |
|---|---|---|---|---|
| | 対策なし | 70歳<br>生前退職金<br>＋<br>精算課税 | 78歳<br>生前退職金<br>＋<br>精算課税 | 80歳<br>死亡退職金 |
| 現預金 | 100,000 | 100,000 | 100,000 | 100,000 |
| 土地 | 240,000 | 240,000 | 240,000 | 240,000 |
| △小規模宅地 | −120,000 | −120,000 | −120,000 | −120,000 |
| 非上場株式 | 159,514 | | | 143,889 |
| 相続時精算課税財産の持戻し額 | | 68,771 | 122,214 | |
| △精算課税基礎控除 | | −1,100 | −1,100 | |
| 生前退職金 | | 17,265 | 26,277 | |
| 死亡退職金 | | | | 31,250 |
| △非課税 | | | | −5,000 |
| 課税価格 | 379,514 | 304,936 | 367,391 | 390,139 |
| 相続税 | 129,757 | 94,021 | 123,696 | 135,070 |
| 退職所得にかかる所得税・住民税 | 0 | 1,485 | 2,473 | 0 |
| 相続税・所得税合計 | 129,757 | 95,506 | 126,169 | 135,070 |

第6章　生前贈与と相続時精算課税制度　　*203*

相続時精算課税制度を使って贈与を行った場合（②，③），「贈与時の価額」で相続財産に持ち戻すこととなるため，本事例のように将来にわたり株価が上昇していく場合には，早い段階で相続時精算課税贈与を行うことで相続税の増加を抑える効果が生じることが分かります。

また，生前退職金の支給により株価が下がったタイミングで相続税精算課税制度を使い，株式を後継者に贈与することで，持ち戻しの際の株価を更に抑制する効果が生じます。生前退職金の支給により贈与者（被相続人）の現預金は増加しますが，相続開始までに十分な時間があれば，生活費として費消をしたり，子供や孫への贈与により現預金額を減らすことも可能です。また，被相続人の保有する預貯金額が少ない場合は，納税資金の確保としても有効な手段となります。

なお，退職金を支払わない場合（①）と，相続開始が近い78歳の時点で生前退職金を支払い，株価が下がったタイミングで相続時精算課税による贈与をした場合（③）と，相続開始後に死亡退職金を支払った場合（④）を比較すると，本シミュレーションでは③が最も有利となりました。ただし，生前退職金と死亡退職金のどちらが有利になるかや，退職金の支給をするか否かの有利判定については，退職金の支払額や法定相続人の数により異なるため，実務においては，株価への影響額，所得税額，相続税額，受取人等を総合的に考慮し，決定を行うことになります。

本事例のシミュレーションにより，退職金の支給等により不動産管理会社の株価が下がるタイミングで相続時精算課税制度を適用した贈与を行うことで，現預金を確保しつつ，相続税額を圧縮することができることが分かりました。

第 7 章

# 資金を借り入れた場合と
# 現物出資の場合

## シミュレーション 14

# 法人化の際の建物取得資金を貸し付けた場合と現物出資をした場合の比較

### シミュレーション内容

不動産の法人化に当たっては，不動産管理会社を設立後，オーナー兼地主個人が所有する賃貸建物を法人へ移転します（不動産所有方式）。不動産管理会社が個人からの借入れを元手に建物を購入した場合と，個人が建物を現物出資した場合の違いをシミュレーションします。

　個人が営む不動産賃貸業を不動産所有方式により法人化する方法は，個人が所有する土地と建物の両方を法人に移転する方法と，建物のみを法人に移転する方法の2通りが考えられます。シミュレーション1で解説したとおり，土地の移転に当たっては譲渡所得税等の移転コストの負担が重くなることが多く，実務上は，移転コストを抑えるため，土地は個人所有のままで，建物のみを法人に譲渡する手法が多く選択されています。本事例では，建物のみを法人に移転する不動産所有方式を前提として，以下の2つのパターンについてキャッシュフロー及び相続税のシミュレーションを行います。

① 　不動産管理会社が個人から借入れを行い，借入資金で建物を購入する方法
② 　個人が不動産管理会社に建物を現物出資する方法

## 1　不動産管理会社が個人から借入れを行い借入資金で建物を購入する場合

### (1)　法人の設立

　法人を設立するに当たっては誰がその法人を所有するか，すなわち誰がその法人の株主になるかがポイントになります。不動産所有者が親である場合，親

*206*

が不動産管理会社の株主となり，当該法人に不動産を移転させても，親は不動産の代わりに非上場株式を所有することになるため，次世代への財産の移転にはなりません。一方，子供が法人の株主となり，当該法人に不動産を所有させる場合，子供が非上場株式を所有することになるため，親から子供への財産の移転が可能となります。

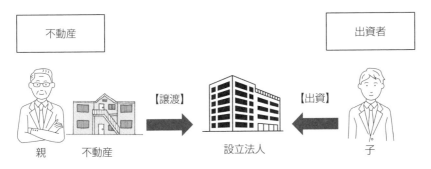

　法人を設立する資金が子供にない場合は，親が子供へ出資金相当額の現金を贈与し，当該資金を元手に子供が法人を設立することもできます。会社法では株式会社の設立に当たって，資本金の最低金額を設定していません（会社法445①）。したがって，資本金額を110万円以下に設定することで，贈与税のかからない範囲で，親が子供へ資本金相当額の現金を贈与することもできます。本事例では1,000千円の現金を親から子供へ贈与し，その1,000千円を資本金として子供が会社を設立する前提とします。

## (2) 購入代金の準備

　不動産を不動産管理会社へ移転するに当たり，売買の方法を取る場合には，不動産管理会社は購入資金の目途をつけなければなりません。資本金額1,000千円で設立をした当初の不動産管理会社には資金力がないため，資金調達の方法を検討する必要があります。資金調達の方法として，法人が金融機関から借入れを行う方法や，法人が親から借りる方法等が考えられます。また，子供に資金力がある場合は子供が法人に貸付けをすることもできます。法人が金融機

関から借入れを行う場合は，審査や，借入れに係る手数料，抵当権の設定等の手間やコストがかかります。

　本事例では，親に資金力があり，法人への建物の譲渡代金を親が不動産管理会社に貸し付ける前提で検討を行います。

## ⑶　個人からの借入金を元手に法人が建物を購入した場合のキャッシュフロー

　不動産管理会社の設立から建物の移転までの流れを以下とします。

### STEP 1 　親から子供への贈与

　個人（親）は1,000千円を子供に贈与します。

### STEP 2 　不動産管理会社の設立

　子供は贈与を受けた1,000千円を出資し不動産管理会社を設立します。子供は不動産管理会社の株主となります。

### STEP 3 　親が法人へ貸付け

　親は現金100,000千円を不動産管理会社へ貸し付け，不動産管理会社は現金を借入金として受け入れます。

### STEP 4 　建物の売買

　不動産管理会社は100,000千円で親から建物を購入し，購入代金を親へ支払います。

【仕訳例】　　　　　　　　　　　　　　　　　　（単位：千円）

| | 個人（親） | | 不動産管理会社（子が設立） | |
|---|---|---|---|---|
| 設立時 | 親から子へ贈与 | | （現金）1,000 | （資本金）1,000 |
| 貸付時 | （貸付金）100,000 | （現金）100,000 | （現金）100,000 | （借入金）100,000 |
| 建物売買時 | （現金）100,000 | （建物）100,000 | （建物）100,000 | （現金）100,000 |

| | | 前提条件 |
|---|---|---|

(単位:千円)

| 建物　譲渡金額 | 100,000 | 建物新築後15年で個人の建物を法人へ帳簿価額で譲渡し,譲渡益の発生はないものと仮定 |
|---|---|---|
| 年間家賃収入 | 16,200 | 移転後10年間は100%,11〜20年は95%,21年目以降は90%に減額すると仮定 |
| 帳簿価額 | 100,000 | 個人の建物の未償却残高　経過年数15年 |
| 減価償却費 | 2,900 | 【法人化後】中古耐用年数35年<br>中古耐用年数:47年-15年+15年×20%＝35年 |
| 土地固定資産税・都市計画税 | 350 | 不変と仮定 |
| 建物固定資産税課税標準 | 譲渡後初年度53,523 | 3年ごとの基準年度で評価替えを実施,固定資産税評価額は再建築価額＝新築時の価額と仮定し,経年減価補正のみを考慮 |
| 建物固定資産税 | 750 | 固定資産税課税標準額1.4% |
| 建物都市計画税課税標準 | 譲渡後初年度53,523 | 固定資産税課税標準額と同額と仮定 |
| 建物都市計画税 | 160 | 都市計画税課税標準額0.3% |
| 役員報酬 | 6,000 | 【法人化後】不動産管理会社が子供に支払う役員報酬額 |
| 社会保険料 | 347 | 【法人化後】役員報酬の5.79%と仮定 |
| 地代 | 1,050 | 【法人化後】無償返還の届出提出済,土地の固定資産税等の3倍の地代を不動産管理会社が個人に支払う |
| 管理料 | 家賃収入の5% | |
| 修繕費 | 家賃収入の4.5% | |
| その他諸経費 | 1,134 | 家賃収入の7%と仮定<br>【法人化後】家賃収入から地代を差引いた後の金額の7%と仮定 |
| 貸付金 | 100,000 | 返済は行わず,支払利息は僅少として試算に含めない |
| 親の年齢 | 60歳 | 60歳で法人化,85歳で相続開始と仮定 |

### ①　法人化をしない場合のキャッシュフロー

　まずは,比較のため法人化をせず個人事業主のままの場合のキャッシュフ

ローをシミュレーションします。

### 【個人（親）のキャッシュフロー】

（単位：千円）

| 個人 | | 被相続人／個人事業主 | | | | | |
|---|---|---|---|---|---|---|---|
| | | 初年度 | 5年目 | 10年目 | 15年目 | 20年目 | 25年目 |
| 不動産収入 | | 16,200 | 16,200 | 16,200 | 15,390 | 15,390 | 14,580 |
| | 建物固定資産税等 | 910 | 870 | 789 | 749 | 668 | 588 |
| | 土地固定資産税等 | 350 | 350 | 350 | 350 | 350 | 350 |
| | 減価償却費 | 2,900 | 2,900 | 2,900 | 2,900 | 2,900 | 2,900 |
| | 税理士報酬 | 500 | 500 | 500 | 500 | 500 | 500 |
| | 管理料 | 810 | 810 | 810 | 769 | 769 | 729 |
| | 修繕費 | 729 | 729 | 729 | 693 | 693 | 656 |
| | その他諸経費 | 1,134 | 1,134 | 1,134 | 1,077 | 1,077 | 1,020 |
| | 青色申告特別控除 | 650 | 650 | 650 | 650 | 650 | 650 |
| | 不動産経費計 | 7,983 | 7,943 | 7,862 | 7,687 | 7,607 | 7,393 |
| 不動産所得 | | 8,217 | 8,258 | 8,338 | 7,703 | 7,783 | 7,187 |
| 所得控除 | | 480 | 480 | 480 | 480 | 480 | 480 |
| 所得合計 | | 7,737 | 7,778 | 7,858 | 7,223 | 7,303 | 6,707 |
| 税額 | 所得税 | 1,144 | 1,153 | 1,171 | 1,025 | 1,044 | 914 |
| | 復興税 | 24 | 24 | 24 | 21 | 21 | 19 |
| | 住民税 | 773 | 777 | 785 | 722 | 730 | 670 |
| | 事業税 | 298 | 300 | 304 | 272 | 276 | 246 |
| | 税額合計 | 2,239 | 2,254 | 2,284 | 2,040 | 2,071 | 1,849 |

| CF | 9,529 | 9,554 | 9,604 | 9,212 | 9,263 | 8,888 |
|---|---|---|---|---|---|---|
| CF累計 | 9,529 | 47,693 | 95,586 | 141,599 | 187,836 | 232,147 |

　建物を新築してから15年目を初年度とし，法人化をせずに個人事業主として不動産賃貸業を継続する場合，初年度に個人（親）が支払う所得税等の税額は2,239千円となります。その後経年による賃料収入の減少を受けて所得が減少

し，相続開始時点の25年目では1,849千円まで所得税等の減少が見込まれます。また，毎年9,000千円前後の現預金が蓄積され，相続開始時点で232,147千円の現預金が個人（親）へ蓄積されます。

## ② 法人化をした場合のキャッシュフロー

次に，建物を法人へ譲渡し，法人化をした場合の親，子供，不動産管理会社のキャッシュフローをシミュレーションします。法人化後は，無償返還の届出書を税務署に提出し，土地の固定資産税等の3倍の地代を不動産管理会社が個人に支払う前提とします。

### 【不動産管理会社のキャッシュフロー】

（単位：千円）

| 法人 | | 不動産管理会社 | | | | | |
|---|---|---|---|---|---|---|---|
| | | 初年度 | 5年目 | 10年目 | 15年目 | 20年目 | 25年目 |
| 不動産収入 | | 16,200 | 16,200 | 16,200 | 15,390 | 15,390 | 14,580 |
| | 役員報酬 | 6,000 | 6,000 | 6,000 | 6,000 | 6,000 | 6,000 |
| | 社会保険料 | 347 | 347 | 347 | 347 | 347 | 347 |
| | 建物固定資産税等 | 910 | 870 | 789 | 749 | 668 | 588 |
| | 減価償却費 | 2,900 | 2,900 | 2,900 | 2,900 | 2,900 | 2,900 |
| | 税理士報酬 | 400 | 400 | 400 | 400 | 400 | 400 |
| | 管理料 | 810 | 810 | 810 | 769 | 769 | 729 |
| | 修繕費 | 729 | 729 | 729 | 693 | 693 | 656 |
| | 地代家賃 | 1,050 | 1,050 | 1,050 | 1,050 | 1,050 | 1,050 |
| | その他諸経費 | 1,060 | 1,060 | 1,060 | 1,003 | 1,003 | 947 |
| | 不動産経費計 | 14,206 | 14,166 | 14,086 | 13,911 | 13,830 | 13,617 |
| 所得合計 | | 1,994 | 2,034 | 2,115 | 1,479 | 1,560 | 963 |
| 各種税額 | 法人税 | 299 | 305 | 317 | 222 | 234 | 144 |
| | 地方法人税 | 30 | 31 | 32 | 22 | 24 | 14 |
| | 均等割 | 70 | 70 | 70 | 70 | 70 | 70 |
| | 法人税割 | 20 | 21 | 22 | 15 | 16 | 10 |

| | 事業税 | 69 | 71 | 74 | 51 | 54 | 33 |
|---|---|---|---|---|---|---|---|
| | 特別法人事業税 | 25 | 26 | 27 | 18 | 19 | 12 |
| | 税額合計 | 513 | 524 | 542 | 398 | 417 | 283 |

| 法人CF | 4,381 | 4,410 | 4,472 | 3,981 | 4,043 | 3,579 |
|---|---|---|---|---|---|---|
| 法人CF累計 | 4,381 | 21,962 | 44,171 | 64,011 | 84,132 | 101,872 |

　法人化後の親の収入は不動産管理会社から受けとる地代（固定資産税等の3倍程度）のみとなります。

### 【個人（親）のキャッシュフロー】

（単位：千円）

| 個人 | | 被相続人／個人事業主 | | | | | |
|---|---|---|---|---|---|---|---|
| | | 初年度 | 5年目 | 10年目 | 15年目 | 20年目 | 25年目 |
| | 不動産収入 | 1,050 | 1,050 | 1,050 | 1,050 | 1,050 | 1,050 |
| | 土地固定資産税等 | 350 | 350 | 350 | 350 | 350 | 350 |
| | 税理士報酬 | 150 | 150 | 150 | 150 | 150 | 150 |
| | その他諸経費 | 73 | 73 | 73 | 73 | 73 | 73 |
| | 青色申告特別控除 | 100 | 100 | 100 | 100 | 100 | 100 |
| | 不動産経費計 | 673 | 673 | 673 | 673 | 673 | 673 |
| | 不動産所得 | 377 | 377 | 377 | 377 | 377 | 377 |
| 所得控除 | | 480 | 480 | 480 | 480 | 480 | 480 |
| | 所得合計 | 0 | 0 | 0 | 0 | 0 | 0 |
| 各種税額 | 所得税 | 0 | 0 | 0 | 0 | 0 | 0 |
| | 復興税 | 0 | 0 | 0 | 0 | 0 | 0 |
| | 住民税 | 0 | 0 | 0 | 0 | 0 | 0 |
| | 事業税 | 0 | 0 | 0 | 0 | 0 | 0 |
| | 税額合計 | 0 | 0 | 0 | 0 | 0 | 0 |

| 個人CF | 477 | 477 | 477 | 477 | 477 | 477 |
|---|---|---|---|---|---|---|
| 個人CF累計 | 477 | 2,385 | 4,770 | 7,155 | 9,540 | 11,925 |

法人化後の子供の所得は不動産管理会社から受けとる役員報酬となります。

## 【子供のキャッシュフロー】

(単位：千円)

| 個人 | | 相続人／会社役員 | | | | | |
|---|---|---|---|---|---|---|---|
| | | 初年度 | 5年目 | 10年目 | 15年目 | 20年目 | 25年目 |
| | 給与所得 | 4,360 | 4,360 | 4,360 | 4,360 | 4,360 | 4,360 |
| | 社会保険控除 | 369 | 369 | 369 | 369 | 369 | 369 |
| | 基礎控除 | 480 | 480 | 480 | 480 | 480 | 480 |
| 所得合計 | | 3,511 | 3,511 | 3,511 | 3,511 | 3,511 | 3,511 |
| 各種税額 | 所得税 | 275 | 275 | 275 | 275 | 275 | 275 |
| | 復興税 | 5 | 5 | 5 | 5 | 5 | 5 |
| | 住民税 | 351 | 351 | 351 | 351 | 351 | 351 |
| | 事業税 | 0 | 0 | 0 | 0 | 0 | 0 |
| 税額合計 | | 631 | 631 | 631 | 631 | 631 | 631 |

| 個人CF | 5,000 | 5,000 | 5,000 | 5,000 | 5,000 | 5,000 |
|---|---|---|---|---|---|---|
| 個人CF累計 | 5,000 | 25,002 | 50,003 | 75,005 | 100,006 | 125,008 |

| 個人＋法人税額合計 | 1,144 | 1,155 | 1,173 | 1,028 | 1,047 | 913 |
|---|---|---|---|---|---|---|

| 個人＋法人合計 CF | 9,858 | 9,887 | 9,950 | 9,459 | 9,520 | 9,057 |
|---|---|---|---|---|---|---|
| 個人＋法人合計 CF累計 | 9,858 | 49,349 | 98,944 | 146,171 | 193,678 | 238,805 |

### ③ 法人化前後のキャシューフローの比較

　個人は不動産管理会社に建物を時価で譲渡します。本事例では，時価と帳簿価額が同額であると仮定します。帳簿価額で売買をする限りにおいては，売り主である親は建物の売却による譲渡益は生じず，譲渡所得税もゼロとなります。また法人側は時価で建物を取得することになるため，受贈益や寄附金の問題は生じません。

　法人化を行わない場合，親には毎年の不動産収入が蓄積され，所得税の負担が生じます。法人化を行い，子供に役員報酬を支払い，キャッシュフローを早

い段階から子供に移転することで，親に蓄積される現預金の額を抑えることができます。また，子供は給与を収受することで，所得税と法人税の税率差と，給与所得控除の恩恵を受けることができます。

## ⑷ 個人からの借入金を元手に法人が建物を購入した場合の相続税のシミュレーション

ここからは，個人からの借入金を元手に法人が建物を購入した場合の相続税への影響をシミュレーションします。

| 前提条件 | | |
|---|---|---|

（単位：千円）

| 現預金 | 100,000 | 相続税の試算上，初年度に個人が所有する現預金 |
|---|---|---|
| 土地の相続税評価額 | 【個人】<br>98,400<br>【法人化】<br>96,000 | 相続税評価額：土地の時価150,000千円×80％＝120,000千円<br>【個人】貸家建付地評価：120,000千円×（1－0.6×0.3）＝98,400千円（借地権割合60％と仮定）<br>【法人化】貸宅地評価：120,000千円×80％＝96,000千円<br>（無償返還の届出あり） |
| 小規模宅地等の特例 | 適用あり | 貸付事業用宅地等の適用ありと仮定し50％減額 |
| 建物の相続税評価額 | 貸家評価 | 固定資産税評価額×（1－借家権割合30％） |
| 法定相続人 | 3人 | 相続人は配偶者と子2人 |
| 相続財産の取得割合 | 法定相続分 | 法定相続分に従い財産を取得と仮定，配偶者の税額軽減を適用 |

### ① 法人化をしない場合の相続税

まずは，比較のため，法人化をせず個人事業主のまま25年目に相続を迎えた場合の相続税額をシミュレーションします。

（単位：千円）

| 相続財産の種類 | 初年度 | 5年目 | 10年目 | 15年目 | 20年目 | 25年目 |
|---|---|---|---|---|---|---|
| 現預金 | 100,000 | 100,000 | 100,000 | 100,000 | 100,000 | 100,000 |
| 事業開始後　獲得CF | 9,529 | 47,693 | 95,586 | 141,599 | 187,836 | 232,147 |
| 土地 | 98,400 | 98,400 | 98,400 | 98,400 | 98,400 | 98,400 |

214

| | | | | | | |
|---|---|---|---|---|---|---|
| 小規模宅地の特例 | −49,200 | −49,200 | −49,200 | −49,200 | −49,200 | −49,200 |
| 建物 | 37,466 | 35,809 | 32,495 | 30,839 | 27,518 | 24,205 |
| 貸付金 | 0 | 0 | 0 | 0 | 0 | 0 |
| 純資産価額 | 196,195 | 232,702 | 277,282 | 321,637 | 364,554 | 405,552 |
| 基礎控除 | −48,000 | −48,000 | −48,000 | −48,000 | −48,000 | −48,000 |
| 課税遺産総額 | 148,195 | 184,702 | 229,282 | 273,637 | 316,554 | 357,552 |
| 相続税の総額 | 13,024 | 17,588 | 24,624 | 32,386 | 39,897 | 47,072 |

　法人化をしない場合，建物は個人（親）が所有したままとなり，賃料収入も個人が全額収受します。賃貸用の建物の相続税評価は固定資産税評価額の7割で行うため，時価よりも相続税評価額の方が下がる傾向があります。一方，不動産収入が全て個人（親）に蓄積されるため，年数の経過とともに，親の現預金の額が増加し，相続税額は年々上昇することになります。本シミュレーションでは，25年目の相続開始時点で親の現預金額は232,147千円，相続財産額は405,552千円，相続税額は47,072千円となります。

### ②　法人化をした場合の相続税の推移

　次に，建物を法人へ譲渡し，法人化をした場合の親の相続税の推移をシミュレーションします。

（単位：千円）

| 相続財産の種類 | 初年度 | 5年目 | 10年目 | 15年目 | 20年目 | 25年目 |
|---|---|---|---|---|---|---|
| 現預金 | 100,000 | 100,000 | 100,000 | 100,000 | 100,000 | 100,000 |
| 事業開始後　獲得CF | 477 | 2,385 | 4,770 | 7,155 | 9,540 | 11,925 |
| 贈与金額 | −1,000 | | | | | |
| 土地 | 96,000 | 96,000 | 96,000 | 96,000 | 96,000 | 96,000 |
| 小規模宅地の特例 | −48,000 | −48,000 | −48,000 | −48,000 | −48,000 | −48,000 |
| 貸付金 | 100,000 | 100,000 | 100,000 | 100,000 | 100,000 | 100,000 |
| 純資産価額 | 247,477 | 250,385 | 252,770 | 255,155 | 257,540 | 259,925 |
| 基礎控除 | −48,000 | −48,000 | −48,000 | −48,000 | −48,000 | −48,000 |

第7章　資金を借り入れた場合と現物出資の場合　*215*

| 課税遺産総額 | 199,477 | 202,385 | 204,770 | 207,155 | 209,540 | 211,925 |
|---|---|---|---|---|---|---|
| 相続税の総額 | 19,435 | 19,917 | 20,335 | 20,752 | 21,170 | 21,587 |

　建物を法人へ移転することにより，親の財産は「建物」から「貸付金」に変わります。建物の相続税評価額は固定資産税評価額により行い，貸家の場合は固定資産税評価額から借家権割合30％を控除して評価します。

　一方で，貸付金の相続税評価額は原則として貸付金額となります。貸付金額は，譲渡時点の時価100,000千円となり，返済が行われない限り金額に変動はありません。一般的には，建物の相続税評価額より，貸付金額の方が評価額は高くなる傾向があります。

**【相続税評価額】**

| | 譲渡後初年度の相続税評価額 |
|---|---|
| 建物 | 固定資産税評価額53,523千円×（1−借家権30％）＝37,466千円 |
| 貸付金 | 100,000千円 |

　法人化後は，親と子供と法人を合わせると毎年約9,000千円の現金を収受することになりますが，ほとんどのキャッシュが役員報酬として子供と法人に渡るため，親の現預金の蓄積は相続開始時点で11,925千円程度となります。

　また，法人化後は，所得の分散効果により，個人（親），子，法人の所得税・法人税等の合計税額は初年度で1,144千円，相続開始時点の25年目では913千円となり，法人化をしない場合と比べると，毎年1,000千円程度税金の負担が減少します。また，相続開始時点での個人（親）の現金の蓄積額は11,925千円となり，法人へ建物を移転しない場合の蓄積額232,147千円と比べると，220,222千円程現預金の増加が抑えられています。

# 2　個人が不動産管理会社に建物を現物出資する場合

## (1)　現物出資による法人の設立

　ここまでは，不動産管理会社が個人から借入れを行い，借入資金で建物を購

入するケースについて検討を行いましたが，法人への建物の移転は，譲渡の他に「現物出資」によることもできます。

現物出資とは，法人を設立する際に，現金ではなく，不動産や有価証券などの現物で出資をする方法です。個人が所有する不動産を現物出資する場合，現物出資により取得した株式の時価と出資した不動産の帳簿価額に差益がある場合，個人に譲渡所得税が課税されます（所法36，59①）。

現物出資の金額が5,000千円を超える場合，裁判所で選任された調査役の価格証明が必要となります（会社法33）。

不動産の現物出資は資本金の額が高くなる傾向があります。資本金が100,000千円を超える場合，法人税の軽減税率等の中小法人の優遇税制を使うことができません。株式会社の資本金の額は設立又は株式の発行に際して株主となる者が払込み又は給付をした財産の額となりますが，払込み又は給付に係る額の2分の1を超えない額は資本金として計上しないことができるため（会社法445①②），資本準備金を計上することで資本金を1億円以下に抑えることも可能です。

地方税の法人住民税の均等割額についても資本金の額について留意が必要となります。法人住民税の均等割の額は従業員数と資本金等の額を基準に算出します。資本金等の額は，法人税法上の資本金等の額が基準となるため，資本金の額に資本準備金等の金額を加えて算出することになります。従業者数が50人以下で資本金等の額が1,000万円以下の場合，東京都では法人都民税の均等割が70千円となるのに対し，1,000万円超～1億円以下の場合は180千円，1億円超10億円以下の場合は290千円となり，地方税の負担が増えることになります。

**【東京都・従業員数50人以下の普通法人の場合の均等割額】**

| 資本金等の額 | 1,000万円以下 | 1,000万円超～1億円以下 | 1億円超～10億円以下 | 10億円超～50億円以下 |
|---|---|---|---|---|
| 均等割額 | 70千円 | 180千円 | 290千円 | 950千円 |

現物出資を行う場合には，調査役の価格証明に係る手数料や，均等割額等の税負担の増加も考慮し，貸付金の場合との有利判定を行う必要があります。

なお，現物出資の場合は，不動産の出資者である親が株主となるため，親から子供への財産の移転の効果は生じないことになります。

**【現物出資のメリット・デメリット】**

〈メリット〉

○　資金調達の必要がなく，少ない資金で会社の設立と建物の取得ができる。

〈デメリット〉

○　譲渡所得税の課税が生じる場合がある。

○　現物出資の金額が5,000千円超の場合，裁判所で選任された調査役の価格証明が必要となる。

○　出資者が株主となるため次世代への財産の移転は図れない。

○　資本金額によっては法人税の軽減税率等の中小法人の優遇税制の不適用や地方税額が高くなる場合がある。

## (2)　現物出資により法人化をした場合のキャッシュフロー

個人は時価100,000千円で建物を現物出資します。法人は受け入れた建物の価額の2分の1を資本金に，残りの2分の1を資本準備金にします。それ以外は，前述1の個人が貸付けをして法人へ建物を譲渡する事例と同じ前提条件とします。現物出資の場合は現物を出資した者が株主となるため，相続財産に法人の株式が計上されることになります。

### ①　不動産管理会社のキャッシュフロー

法人の均等割の金額以外の収入及び経費は前述1と同額のため，現物出資で法人化した場合のキャッシュフローの推移は1の貸付けのパターンと同様になります。

### ②　個人（親）及び子（相続人）のキャッシュフロー

個人（親）が受け取る地代収入及び子（相続人）が受け取る給与収入も前述

1 と同額のため，現物出資で法人化した場合のキャッシュフローの推移は1の
貸付けのパターンと同様になります。

## (3) 現物出資をした場合の不動産管理会社の株価の推移

次に，不動産管理会社の株価の推移をシミュレーションします。

**前提条件**

**【法人】**

| 現物出資額 | 100,000千円 | 建物の帳簿価額相当額 |
|---|---|---|
| 資本金 | 50,000千円 | 払込みの2分の1を資本金，残りを資本準備金とする。均等割りは180千円とする |
| 発行済み株式数 | 100株 | |
| 建物の相続税評価額 | 貸家評価 | 固定資産税評価額×（1－借家権割合30%） |
| みなし借地権 | 16,800千円 | 貸宅地評価：120,000千円×20%×（1－0.3）＝16,800千円（無償返還の届出あり） |
| 配当金 | 0円 | 設立以降，配当金の支払はなし |
| 従業員数 | 0人 | 代表取締役1人のみ |

**【株価の推移】**

(単位：千円)

| | 1年目 | 2年目 | 3年目 | 4年目 | 5年目 |
|---|---|---|---|---|---|
| 株価評価方法 | 開業後3年未満 | 開業後3年未満 | 開業後3年未満 | 小会社 | 小会社 |
| 1株当たりの株価 | 910 | 953 | 996 | 457 | 479 |
| 相続税評価額 | 91,070 | 95,341 | 99,612 | 45,761 | 47,911 |

株価が下落

| | 10年目 | 15年目 | 20年目 | 25年目 |
|---|---|---|---|---|
| 株価評価方法 | 小会社 | 小会社 | 小会社 | 小会社 |
| 1株当たりの株価 | 570 | 659 | 735 | 801 |
| 相続税評価額 | 57,083 | 65,900 | 73,561 | 80,063 |

第7章　資金を借り入れた場合と現物出資の場合　*219*

開業から3年までは，「開業後3年未満の会社」（評基通189－4）として純
資産価額により評価を行い，4年目以降は，「小会社」として，類似業種比準
価額と純資産価額の折衷方法と純資産価額のいずれか低い価額により評価を行
います（評基通178，179）。また，純資産価額算定上，法人が所有する建物は，
取得後3年間は時価で評価を行います（評基通185）。4年目以降は通常の相続
税評価が可能となるため，固定資産税評価額から借家権割合30％を控除して評
価をします。これらの影響により株価は4年目で下落し，その後，利益の蓄積
により徐々に上昇していきます。

　なお，純資産価額の算定において，資産にみなし借地権の評価が加わります。
無償返還の届出書の提出があり，被相続人が同族株主等となっている会社に賃
貸借により土地を貸し付けている場合には，自用地評価の20％相当額を法人の
株式の純資産価額の計算上，借地権として資産に含めることになるためです（個
別通達1「相当の地代を収受している貸宅地の評価について」）。

　本事例の場合，不動産管理会社の初年度の株価は，以下のように算出します。
開業後3年未満の法人に当たるため純資産価額で評価を行います。

**【純資産価額（1年目）】**

| 相続税評価額 | | | 帳簿価額 | | |
|---|---|---|---|---|---|
| ① | ② | ③ | ④ | ⑤ | ⑥ |
| 資産の部 | 負債の部 | 純資産価額<br>①－② | 資産の部 | 負債の部 | 純資産価額<br>④－⑤ |
| 91,693千円 | 623千円 | 91,070千円 | 101,993千円 | 623千円 | 101,370千円 |

| ⑦ | ⑧ | ⑨ | ⑩ | ⑪ | |
|---|---|---|---|---|---|
| 評価差額<br>③－⑥ | 評価差額に<br>対する法人税<br>⑦×37％ | 純資産価額<br>③－⑧ | 発行済株式数 | 1株当たり純資産価額<br>⑨÷⑩ | |
| 0千円 | 0千円 | 91,070千円 | 100株 | **910千円** | |

　開業後4年目以降は，小会社方式で株価を算定するため，「純資産価額」か「類
似業種比準価額×0.5＋純資産価額×0.5」のいずれか低い価額が評価額となり
ます。4年目の不動産管理会社の株価の類似業種比準価額，純資産価額は下記

のように算出します。

① 類似業種の株価は基準日以前3か月間の各月及び基準月以前2年間の平均株価，前年平均株価のうち最も低いものを採用します。今回の事例では，課税時期を令和5年8月として業種目「No.92」の不動産業，物品賃貸業の株価「364円」を採用しています。

② 比準割合は下記の算式で算定します。今回は業種目「No.92」の不動産業，物品賃貸業の比準要素により算出した「0.06」で算定しています。

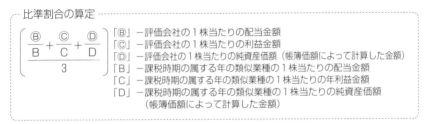

③ 斟酌率は大会社0.7，中会社0.6，小会社0.5となります。本事例の不動産管理会社は小会社に当たるため0.5を乗じます。

④ 1株当たりの資本金等の額

| 直前期末の資本金等の額<br>100,000千円 | ÷ | 直前期末の発行済株式数<br>100株 | = | 1株当たり資本金等の額<br>1,000千円 |

1,000千円 ÷ 50円 = 20,000円

**【類似業種比準価額（4年目）】**

### 【純資産価額（4年目）】

| 相続税評価額 | | | 帳簿価額 | | |
|---|---|---|---|---|---|
| ① | ② | ③ | ④ | ⑤ | ⑥ |
| 資産の部 | 負債の部 | 純資産価額<br>①－② | 資産の部 | 負債の部 | 純資産価額<br>④－⑤ |
| 70,355千円 | 634千円 | 69,721千円 | 106,146千円 | 634千円 | 105,512千円 |

| ⑦ | ⑧ | ⑨ | ⑩ | ⑪ |
|---|---|---|---|---|
| 評価差額<br>③－⑥ | 評価差額に<br>対する法人税<br>⑦×37% | 純資産価額<br>③－⑧ | 発行済株式数 | 1株当たり純資産価額<br>⑨÷⑩ |
| 0千円 | 0千円 | 69,721千円 | 100株 | **697千円** |

### 【株価（4年目）】

① 純資産価額697千円

② 類似業種比準価額218千円×0.5＋純資産価額697千円×0.5＝457千円

③ ①＞② ∴457千円

## (4) 現物出資により法人化した場合の相続税の推移

現物出資をして法人化した場合の親の相続税の推移のシミュレーションをします。

### 前提条件

（単位：千円）

| | | |
|---|---|---|
| 現預金 | 100,000 | 相続税の試算上，初年度に個人が所有する現預金 |
| 土地の相続税評価額 | 96,000 | 相続税評価額：土地の時価150,000千円×80%＝120,000千円<br>貸宅地評価：120,000千円×80%＝96,000千円<br>（無償返還の届出あり） |
| 小規模宅地等の特例 | 適用あり | 貸付事業用宅地等の適用ありと仮定し50%減額 |
| 建物の譲渡価額 | 100,000 | 建物を帳簿価額相当額で現物出資。譲渡所得は発生しない |

222

| 法定相続人 | | 3人 | 相続人は配偶者と子2人 |
|---|---|---|---|
| 相続財産の取得割合 | 法定相続分 | | 法定相続分に従い財産を取得と仮定，配偶者の税額軽減を適用 |

(単位：千円)

| 相続財産の種類 | 初年度 | 5年目 | 10年目 | 15年目 | 20年目 | 25年目 |
|---|---|---|---|---|---|---|
| 現預金 | 100,000 | 100,000 | 100,000 | 100,000 | 100,000 | 100,000 |
| 事業開始後　獲得CF | 477 | 2,385 | 4,770 | 7,155 | 9,540 | 11,925 |
| 土地 | 96,000 | 96,000 | 96,000 | 96,000 | 96,000 | 96,000 |
| 小規模宅地の特例 | −48,000 | −48,000 | −48,000 | −48,000 | −48,000 | −48,000 |
| 有価証券（非上場株式） | 91,070 | 47,911 | 57,083 | 65,900 | 73,561 | 80,063 |
| 純資産価額 | 239,547 | 198,296 | 209,853 | 221,055 | 231,101 | 239,988 |
| 基礎控除 | −48,000 | −48,000 | −48,000 | −48,000 | −48,000 | −48,000 |
| 課税遺産総額 | 191,547 | 150,296 | 161,853 | 173,055 | 183,101 | 191,988 |
| 相続税の総額 | 18,443 | 13,287 | 14,731 | 16,131 | 17,387 | 18,498 |

　現物出資で建物を法人へ移転することにより，親の財産は「建物」から「非上場株式」に変わります。非上場株式は，評価方法の制約から開業後3年目までは評価額が高く，4年目に評価額が下がる傾向にあるため，株価の変動に伴い相続税額も4年目で下がり，その後，株の評価額の上昇とともに増加していきます。

## 3　法人化前後の相続税額の比較

### (1)　個人からの借入を元手に建物を購入した場合

　1の貸付金を使った法人化のスキームでは，個人（親）は建物を不動産管理会社へ譲渡するとともに，不動産管理会社に100,000千円を貸し付けるため，親の相続財産から「建物」がなくなり，代わりに「貸付金」1億円が増えます。貸付金の相続税評価額は1億円で固定されるため，法人化をせずに個人で賃貸事業を続ける場合と比較すると，法人化後7年目までは，法人化をした場合の

方が相続税額が高くなります。一方，7年目以降は，法人化による所得の分散
効果により，親の現預金の蓄積が抑えられ，法人化をした方が相続税額が低く
なる結果となります。

## ⑵　現物出資により建物を移転した場合

　2の現物出資による法人化のスキームでは，個人（親）の相続財産は「建物」
から「非上場株式」に変わります。法人化後3年未満は不動産管理会社の株式
を純資産価額で評価するため，個人で賃貸事業を続ける場合と比較すると，法
人化をした場合の方が相続税額が高くなります。4年目以降は，株価の評価方
法の変更により株価が下がるため，現物出資をして法人化をした場合の方が相
続税額が下がります。その後，利益の蓄積により株価は上昇しますが，子に役
員報酬を支払うことで法人の利益を抑え，かつ個人（親）への現金の蓄積も抑
えているため，株価の上昇も相続税額の増加も緩やかとなり，法人化をした方
が相続税額が抑えられる結果となります。

## ⑶　貸付金と現物出資，個人のままの比較

　下記のグラフは個人事業主のままの場合，個人の貸付けにより法人化をした
場合，現物出資により法人化をした場合の3つのパターンの相続税額の推移を
表したグラフです。

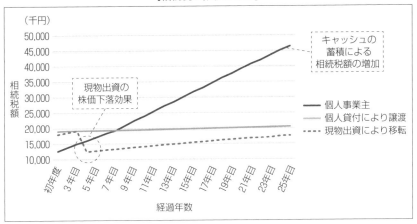

【相続税の推移】

(単位：千円)

|  | 初年度 | 2年目 | 3年目 | 4年目 | 5年目 |
|---|---|---|---|---|---|
| 個人事業主 | 13,024 | 14,215 | 15,407 | 16,394 | 17,588 |
| 個人貸付により譲渡 | 19,435 | 19,667 | 19,750 | 19,834 | 19,917 |
| 現物出資により移転 | 18,443 | 19,037 | 19,683 | 12,959 | 13,287 |

株価が下落

|  | 7年目 | 10年目 | 15年目 | 20年目 | 25年目 |
|---|---|---|---|---|---|
| 個人事業主 | 19,881 | 24,624 | 32,386 | 39,897 | 47,072 |
| 個人貸付により譲渡 | 20,084 | 20,335 | 20,752 | 21,170 | 21,587 |
| 現物出資により移転 | 13,842 | 14,731 | 16,131 | 17,387 | 18,498 |

　上記のグラフから分かるとおり，親が若く，法人化をしてから相続開始までの期間が長い場合，法人化をした方が，不動産管理会社や子供への所得の分散効果により被相続人のキャッシュフローの蓄積が抑えられ，相続税額の抑制が期待できます。一方，親が高齢で相続の開始が近い場合には，法人化のメリットは少ないものと考えられます。

また，借入れを元手に不動産管理会社が建物を購入する場合と建物を現物出資する場合を比較すると，貸付方式の場合は，不動産管理会社の株主が子供であるため，親の相続財産に「株式」は計上されず，代わりに「貸付金」100,000千円が計上されます。一方，現物出資の場合は，親が不動産管理会社の株主となるため，親の相続財産に「株式」が計上されます。貸付金とは異なり，株式の価額は変動していくため，移転のタイミングにより相続税額等が異なります。非上場株式の評価方法が変わり，株価が下落する4年目以降のタイミングをうまく活用できれば，現物出資による移転は相続税を下げる効果が高いものと考えられます。ただし，現物出資の場合は，4年目に株価が大きく下落し，相続税額も下がりますが，年数の経過とともに株価が徐々に上昇していき，貸付方式の場合の相続税額との差も少しずつ減少していきます。

　実務上は，法人化を検討する際，相続開始の時期や，キャッシュフローの移転による効果，「建物」と「貸付金」，「非上場株式」等の相続税評価へ影響について，総合的に検証し判断を行う必要があります。

第 **8** 章

# 「総則6項」による否認リスク

## シミュレーション 15

# 租税回避行為に対する否認のリスクの検討

### シミュレーション内容

ここまでの事例で示したシミュレーションにより，不動産の法人化による税務メリットは様々な局面で生ずることが分かりました。一方で，過度な税負担の軽減を目的とした租税回避行為は，課税当局から否認される可能性があります。財産評価基本通達6項（以下，「総則6項」といいます）により課税当局から否認を受けた裁判例を参考に，不動産法人化の税務上のリスクについて検討を行います。

　不動産の相続税評価額は通常の取引価額よりも低廉な価額となることが一般的です。そのため，通常の取引価額と相続税評価額の差額を利用して，多額の借入金を元手に不動産を取得し，相続財産を圧縮する手法が，「個人」の相続税対策としても「不動産管理会社」の株価の引下げ対策としても数多く見受けられます。

　このような相続対策の手法に対処するため，平成2年の財産評価基本通達の改正により，非上場株式の評価に当たっては，相続開始前3年以内に評価会社が取得をした土地や建物については，評価上，一定の制約が設けられています。非上場株式の純資産価額の各資産の評価は，原則として，財産評価基本通達に定められた「相続税評価額」により行われます。しかし，例外として，法人が新たに不動産を取得した場合は，取得後3年間は「通常の取引価額」により評価を行わなければなりません（評基通185）。3年経過後には相続税評価額により評価を行うことができます。

　一方，「個人」が取得をした土地や建物等の不動産に対しては，相続開始前3年以内の取得であっても，通常の取引価額で評価をしなければならないといった制約がないため，相続の直前に借入れをして不動産を購入し，相続財産

*228*

を圧縮するといった手法が多く見受けられます。

　このような行為に対して，過度な税負担の軽減を図ったとして，課税当局から総則6項の適用を受ける事例が増加しています。本事例では，総則6項の適用が争点となった最高裁判決を紹介します。

# 1　総則6項とは

　相続税申告における財産評価は，原則として財産評価基本通達に定められた方法に従って行われます。しかし，多種多様な財産の評価を画一的な評価方法で行うことは，時に財産の本来の価値を表さないことも想定されます。そこで，財産評価基本通達の6項において以下のように規定されています。

> この通達の定めによって評価することが著しく不適当と認められる財産の価額は，国税庁長官の指示を受けて評価する。

　つまり，財産評価基本通達に基づいて評価をした財産の価額が，評価対象財産の「時価」（相法22）と乖離しているなど，財産評価基本通達により評価することが著しく不適当な特別の事情が存在する場合には，財産評価基本通達と異なる評価方法により財産を評価することとなります。

# 2　相続開始直前に借入金を元手に不動産を取得した事例

　相続開始の直前に行った多額の借入れを元手に不動産を購入し，総則6項が適用された，令和4年4月19日最高裁の判決を紹介します。

## (1)　令和4年4月19日最高裁判決の概要
　被相続人が相続開始の3年程前に，金融機関から多額の借入れを行い，その借入金を元手にマンションを2棟購入しました。その後発生した相続に係る相続税申告において，納税者は財産評価基本通達の定めに従って不動産を評価し，

第8章　「総則6項」による否認リスク　*229*

申告を行いました。しかし，課税当局から各不動産は財産評価基本通達の定めによって評価することは著しく不適当であり，不動産鑑定評価額により評価すべきとして更正処分を受けました。最高裁判決が下るまでの一連の流れは下記のとおりです。

| 平成21年 | 銀行借入により不動産購入<br>【購入価額】甲不動産：約837,000千円／乙不動産：約550,000千円 |
|---|---|
| 平成24年 | 相続開始（被相続人94歳） |
| 平成25年3月 | 乙不動産を約515,000千円で売却 |
| 平成25年3月 | 評価通達の定めに従い評価し，相続税申告<br>【相続税評価額】甲不動産：約200,000千円／乙不動産：約130,000千円 |
| 平成28年 | 税務署から更正処分，総則6項適用により不動産鑑定額で評価<br>【鑑定評価額】甲不動産：約754,000千円／乙不動産：約519,000千円 |
| 令和元年 | 東京地裁判決　⇒　納税者敗訴 |
| 令和2年 | 東京高裁判決　⇒　納税者敗訴 |
| 令和4年 | 最高裁判決　⇒　納税者敗訴 |

## (2)　争点

　裁判では，各不動産の時価はいくらが適切かという点が争点となりました。合わせて，財産評価基本通達の定めによらない評価が許されるための特別の事情の有無及びその内容についても争点となりました。

## (3)　裁判所判断
### ①　財産の時価について

　相続税法22条は，相続や贈与によって取得した財産の価額は相続開始時の時価によることを規定しています。時価とは，財産の客観的な交換価値を指します。財産評価基本通達は，この時価の評価方法を定めたものですが，上級行政機関が下級行政機関の職務権限の行使を指揮するために発した通達に過ぎないため，国民に対し直接的な法的効力を持ちません。したがって，相続税の課税価格は，財産の取得時の客観的な交換価値を上回らない限り，法に違反せず，具体的な課税価格が通達による評価を上回るかどうかは関係ありません。その

*230*

ため，各更正処分における不動産鑑定評価額が不動産の時価としての客観的な交換価値である場合，財産評価基本通達による評価を上回っていても，相続税法22条に違反することはありません。

### ②　租税法の平等原則について

　租税法の平等原則は，同様の状況にある者が同様に取り扱われることを要求します。財産評価基本通達は相続財産の価額を定める一般的な評価方法であるため，課税庁が特定の者の財産の評価についてのみ，財産評価基本通達以外の評価をすることは，合理的な理由がない限り，平等原則に違反するとみなされます。ただし，財産評価基本通達による画一的な評価をすることが，実質的な租税負担の公平に反する結果となる場合には，公平な租税負担を考慮し，通達の評価に反する場合もあります。

### ③　本件への当てはめ

　本件各不動産の財産評価基本通達による評価と鑑定評価の間には大きな差がありますが，これだけでは不公平とはいえません。しかし，購入や借入れがなければ課税価格の合計額は600,000千円を超えるものであったはずが，これらの行為により課税価格の合計額は約30,000千円にとどまり，課税価格は大幅に軽減されました。これらの行為は，近い将来の相続に備えて租税負担を軽減する意図があり，このような一連の行為をしなかった他の納税者との公平性に影響を与えます。そのため，本件について評価通達に基づく評価を行うと他の納税者との実質的な租税負担の公平に反するという特別の事情があるということができるとして納税者の請求を棄却しました。

## (4)　ポイント

　本裁判例から，総則6項の適用に当たって検討すべきポイントを確認します。

### ①　多額の借入金がある点

　本件は，不動産購入のために多額の借入れを行っており，この借入金によって相続税の課税価格が大幅に圧縮され，結果として相続税は0円として申告が行われました。

② 不動産購入の時点で高齢である点

本件各不動産を取得した時点において，被相続人は90歳でした。平均余命年数を考慮すると，近い将来発生すると予想される相続を見据えた節税対策であると認定されることに繋がり，借入金の返済期間が被相続人の余命年数を大幅に上回っているなどの不自然な点がある場合，否認リスクが高まるものと思われます。

③ 相続開始前後の売買価格と財産評価基本通達による評価額に乖離がある点

本件は，相続開始の直前に財産評価基本通達評価額を大幅に上回る価額で不動産を購入した上に，相続開始直後に同程度の価額で売却をしています。相続税の計算における財産の評価額は相続税法22条で時価と定められていることを鑑みると，下図のとおり，財産評価基本通達に定める評価額が本件各不動産の時価を適切に表していないことは明確と考えられます。

本件では，財産評価基本通達評価額と鑑定評価額との間には「大きな乖離があるということができるものの，このことをもって上記事情があるということはできない」と裁判所が述べているため，乖離の存在のみでは総則6項が適用される可能性は高くないものと考えられます。しかし，財産評価基本通達による評価額が適正な価額であるか否かは，他の合理的な評価方法による価額が存在し，その価額と財産評価基本通達による評価額との比較をもってはじめて，判断ができるものと考えられます。

(単位：千円)

|  | 甲不動産 | 乙不動産 |
|---|---|---|
| 購入価額 | 837,000 | 550,000 |
| 財産評価基本通達評価額 | 200,000 | 130,000 |
| 売却価額 | 売却なし | 515,000 |
| 鑑定評価額 | 754,000 | 519,000 |

（※）乙不動産は，相続開始から1年後に売却

④ 租税回避目的がある点

本件は，信託銀行から相続税の試算と，借入れによる不動産投資により，相

続税の節税効果が生ずることについての説明を受けたことに端を発し実行され
たスキームであり、信託銀行の内部稟議には相続対策のための不動産の取得で
あることが明記されていました。

　裁判所は、不動産を購入してから売却するまでの一連の取引がなければ
600,000千円を超える課税価格であったにもかかわらず、一連の取引により基
礎控除以下の課税価格となり、相続税が課されないこととなった点を挙げ、「そ
れらが近い将来発生することが予想される本件被相続人の相続において相続税
の負担を軽減させることを期待して実行した」と指摘しています。

⑤　**実質的な租税負担の公平を著しく害する点**

　①から④の事実関係の下においては、財産評価基本通達の定める評価方法を
画一的に適用するという形式的な平等を貫くと、本件のような一連の取引行為
を行わなかった「他の納税者との間で、かえって租税負担の実質的な公平を著
しく害することが明らか」であると指摘をしています。

　最高裁判決では、以上の各ポイントを総合的に勘案し、財産評価基本通達に
よることが著しく不適当な特別の事情があるとしています。

# 3　非上場株式の評価におけるシミュレーション

　前述のとおり、非上場株式の純資産価額の計算においては、相続開始前3年
以内に取得した不動産は「課税時期における通常の取引価額」によって評価を
しなければなりません。不動産取得後3年を経過すれば、路線価等を用いた原
則的な相続税評価額で評価をすることができるようになります。したがって、
借入金を利用して不動産を購入する手法による純資産の圧縮効果は、3年経過
後に生ずることになります。本事例では、不動産管理会社が借入れにより不動
産を取得し、株価を引き下げて贈与を行う場合についてシミュレーションを行
います。

| 前提条件 | | |
|---|---|---|
| | | （単位：千円） |
| 総資産価額 | 400,000 | 本スキーム実行前の法人資産である有価証券の価額 |
| 土地の通常の取引価額 | 500,000 | 金融機関からの借入れにて取得 |
| 建物の通常の取引価額 | 500,000 | 金融機関からの借入れにて取得，賃貸用不動産 |
| 土地の相続税評価額 | 328,000 | 相続税評価額：通常の取引価額500,000千円×80%＝400,000千円<br>貸家建付地評価：400,000千円×（1−60%×30%）＝328,000千円（借地権割合60%と仮定） |
| 建物の相続税評価額 | 210,000 | 固定資産税評価額：通常の取引価額500,000千円×60%＝300,000千円<br>貸家評価額：300,000千円×（1−30%）＝210,000千円 |
| 株主及び役員 | 90歳 | 金融機関からの相続対策に関する提案書に基づき本スキームを実行<br>株主も役員も90歳である同一人1人のみ |

## スキーム実行前

　スキーム実行前の法人の保有資産は有価証券400,000千円のみとなります。株式保有特定会社に該当し，純資産価額は400,000千円，法人の株式の相続税評価額も400,000千円となります。

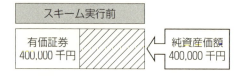

## STEP①

　金融機関より，相続対策として本件スキームの提案を受け実行することになりました。金融機関からの借入金1,000,000千円を元手に，土地500,000千円，建物500,000千円，合計1,000,000千円の賃貸用不動産を購入します。取得後3年間は，純資産価額の計算上，不動産を「通常の取引価額」で評価するため，純資産価額は400,000千円のままとなります。

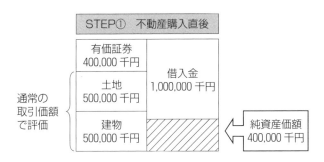

## STEP②

不動産取得後3年が経過した段階で，不動産の相続税評価額が「通常の取引価額」から「相続税評価額」に切り替わります。

### ① 土地の相続税評価

土地取得後3年間は，純資産価額算出上の土地の価額は「通常の取引価額」＝500,000千円となります。一方，取得後3年経過後は路線価等により算出する「相続税評価額」となります。相続税評価額に用いる路線価は時価のおよそ80％程度（400,000千円）と仮定します。賃貸用建物の敷地の用に供されている貸家建付地については，更に下記の算式により評価の減額を行います。

本事例の場合は，400,000千円×（1－60％×30％）＝328,000千円の評価となります。

### ② 建物の相続税評価

建物取得後3年間は，純資産価額算出上の建物の価額は「通常の取引価額」となります。一方，取得後3年経過後は，建物の価額は「相続税評価額」となります。建物の相続税評価額は固定資産税評価額で評価を行いますが，通常の取引価額のおよそ70～60％の価額となることが一般的です。本事例では，建物の固定資産税評価額は取引価額の60％と仮定して算定します。

建物取得後，不動産賃貸業を開始した場合は貸家となるため，自用家屋の相続税評価額から，更に借家権割合30％を控除して評価を行います。結果的に貸家の相続税評価額は固定資産税評価額300,000千円×（1－30％）＝210,000千円まで圧縮されます。

　不動産の相続税評価は，通常の取引価額が1,000,000千円の土地建物が，相続税評価額では538,000千円まで減額されることになります。

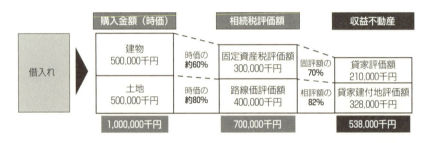

　非上場株式の純資産価額は下図のとおりとなります。相続税評価額ベースでは資産の合計額よりも負債の合計額の方が多くなり，純資産価額は0円となります。

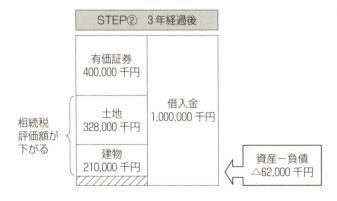

## STEP③

不動産取得後 3 年を経過すると，株価が 0 円となるため，直ちに当該不動産管理会社の株式を後継者である子供に贈与することで，贈与税を生じさせずに子供に不動産管理会社の株式を移転することができました。

## STEP④

子供に株式を贈与した後，すぐに不動産管理会社が所有する不動産を「通常の取引価額」である1,000,000千円で売却し借入金を返済します。

STEP①〜④の実行により，純資産価額400,000千円の法人株式について，贈与税や相続税等の課税を生じさせることなく，後継者である子供に移転をすることができました。

# 4 総則6項の適用基準

本シミュレーションを，最高裁判決の 4 つのポイントに当てはめて検証していきたいと思います。

## (1) 多額の借入金がある点

本事例では，不動産の購入に当たり，1,000,000千円の借入金が発生しています。STEP①においては，不動産取得後 3 年間は通常の取引価額で評価されるため，多額の借入金による株価への影響は生じません。しかし，STEP②においては，1,000,000千円の借入金と不動産の相続税評価額538,000千円との差額分が，元々所有していた有価証券の価額よりも多額となり，純資産価額がゼロとなります。借入金と不動産の相続税評価額との差額が大きくなればなるほど，他の財産の価額の圧縮という効果を生じさせ，総則 6 項適用のリスクを増大させるものと考えられます。

第8章 「総則6項」による否認リスク　　*237*

## ⑵　不動産購入の時点で高齢である点

　本事例では，最高裁判決における被相続人が不動産を購入した年齢と同様に，株主を90歳であると前提を置いています。また，不動産管理会社の役員も，90歳の株主と同一人１人のみです。高齢である株主兼役員が近い将来発生すると予想される自らの相続を見据えて，不動産管理会社の株価を引き下げるための相続対策として一連の行為の意思決定を行ったものと推測ができます。

## ⑶　相続開始前後の売買価格と財産評価基本通達による評価額に乖離がある点

　本シミュレーションの売買価格と相続税評価額を比較すると下記のとおりです。

|  | 売買価格 | 相続税評価額 | 差額 |
|---|---|---|---|
| 土地 | 500,000千円 | 328,000千円 | 172,000千円 |
| 建物 | 500,000千円 | 210,000千円 | 290,000千円 |
| 合計 | 1,000,000千円 | 538,000千円 | 462,000千円 |

　相続税法22条において，相続税及び贈与税計算における財産の価額は「時価」によることが定められています。本シミュレーションの場合，不動産の相続税評価額が売買価格の53.8%にまで圧縮されていることが分かります。財産評価基本通達による評価額で贈与税の計算を行うことは，不動産の適正な時価を表していないと課税庁側から判断される可能性があるものと思われます。

　このように，売買価格と財産評価基本通達による相続税評価額との間に著しい乖離が生じていることにより，財産評価基本通達による評価額が財産の適正な時価を表さない場合，総則６項に規定する「この通達の定めによって評価することが著しく不適当と認められる」場合に該当する可能性があるものと考えられます。

## (4) 租税回避目的がある点

本シミュレーションでは，不動産を購入し，一時的に非上場株式の相続税評価額を0円にした時点で贈与を行った結果，贈与税を生じさせることなく，後継者である子供に法人株式を移転させることができました。

一方で，スキーム実行前の状態で法人株式を子供等の後継者に贈与した場合，212,995千円の贈与税が発生します。

【算式】

| |
|---|
| 基礎控除<br>（400,000千円－1,100千円）×55%－6,400千円＝212,995千円<br>（※）18歳以上の子供が親から贈与を受けた場合の税率（特例税率）を適用 |

本スキームは，金融機関からの提案により実行されており，実行により2億円以上の贈与税が圧縮される効果が生じています。これらのスキームや節税効果についての提案資料や取引履歴等があることで，租税回避を目的とした行為であるとみなされるリスクは高まるものと思われます。

不動産を購入する場合には，通常は所有期間中のキャッシュフローや，値上がり益等による利益を得るといった合理的理由を要すると思われますが，相続税の節税以外の経済合理性を説明できない場合は，「租税回避を目的としている」とみなされる可能性は高まるものと思われます。

## (5) まとめ

過去の裁判例では，共通して「実質的な租税負担の公平に反する」ことが総則6項の適用根拠となっています。本事例で取り挙げた裁判例のように，相続税額に影響を与え得るような特段の行為によって，税負担が著しく軽減されるような状況が生み出された場合には，相続税法の目的である富の再分配機能を通じて経済的平等を実現するという目的に反することとなり，「実質的な租税負担の公平に反する」と判断されるものと考えられます。

本来，財産評価基本通達は納税者間の公平を図ることを1つの目的として定

められたものであり，ここでいう公平は，実質的な公平であることが求められています。よって，財産評価基本通達を形式的に適用したことを起因として他の納税者との実質的な公平を著しく害する場合には，総則6項を適用されるものと考えられます。

なお，過去の裁判例では，被相続人「個人」が借入金を元手に不動産を購入し，相続財産を圧縮した手法について総則6項が多く適用されています。「法人」の場合は，財産評価基本通達において「取得後3年以内の不動産については通常の取引価額で評価をする」という制約がかけられているため，既に一定の抑止力が働いていることは確かです。しかしながら，法人であっても，個人と同様の手法を用いた株価の引下げ等による過度な税負担の軽減を図った場合には，課税庁から「実質的な租税負担の公平に反する」と判断され，総則6項の適用を受けるリスクは十分にあるものと思われるため，注意が必要です。

# 【編者紹介】

**税理士法人髙野総合会計事務所**

〈所在地等〉

〒103-0027　東京都中央区日本橋 2 丁目 1 番 3 号　アーバンネット日本橋二丁目ビル 3 階

総括代表：公認会計士・税理士　髙野 角司

（代表TEL）03-4574-6688　（FAX）03-4574-6677

（URL）https://www.takanosogo.com/


〈主たる業務内容〉

税理士法人髙野総合会計事務所は，1975年に銀座に個人事務所として開設。2010年に税理法人として法人成りし，現在は日本橋にてFAS部門，コーポレート部門，個人資産部門から構成され，約70名の公認会計士・税理士・中小企業診断士等の有資格者（一部科目合格含む）等，総勢約100名のメンバーを有する税務，会計，コンサルティング業務を主業務とする総合事務所である。個人資産部門では，年間500件以上の相続税申告や事業承継等に従事しているだけでなく，コーポレート部門，FAS部門との連携によって，多くの法律事務所や金融機関，保険会社等からの依頼により，多数の組織再編，再生・再建業務や，事業・企業評価を含む株式評価業務，M&Aのサポートとデューデリジェンス業務をはじめ，各種の税務申告，税務代理，相談等幅広く業務を展開している。さらに，髙野総合グループとして髙野総合コンサルティング株式会社，監査法人TSKと連携するとともに，現職時，資産税業務や法人税業務に従事していた経験豊富な国税OBを多数顧問として迎え入れ，顧客のニーズに応える体制をとっている。


〈事務所の主な編著〉

「会社法対応─Q&A剰余金をめぐる実務」，「時価・価額をめぐる税務判断の手引〔加除式〕」，「遺言・遺産分割による財産移転と課税関係のチェックポイント」（以上新日本法規）

「会社更生最前線」，「経営に活かす有利な税務選択」，「倒産手続における会社分割・営業譲渡の実務」（以上ぎょうせい）

「経営手法からみた事業承継対策Q&A　各種方法の選択　活用と税務対策」，「判例分析─会社・株主間紛争の非上場株式評価実務」，「中堅・中小企業のための財務経営10のテーマ」，「決算に役立つ税務選択の判断ポイント」，「粉飾事例にみる中小企業M&Aリスクと対応」（以上中央経済社）

「ケース別　会社解散・清算の税務と会計」，「ケーススタディによる税理士のための税賠事故例とその予防策」，「倒産処理の法務と会計・税務」（以上税務研究会）

「税理士のための法人⇄個人間の借地権課税　はじめの一歩」（以上税務経理協会）

「中小企業再生のための財務DDの実務」（以上金融財政事情研究会）

その他，下記の月刊誌，週刊誌等に多数の記事を寄稿している。

「税理」，「税務弘報」「税経通信」，「週刊税務通信」，「銀行実務」，「銀行法務21」，「商事法務」他


## 【執筆者紹介】

**税理士法人髙野総合会計事務所**

**パートナー税理士　　高中 恵美**

税理士。お茶の水女子大卒業後，大手銀行勤務を経て税理士法人髙野総合会計事務所に入所。相続税申告や相続対策，事業承継コンサルティング等，個人資産税を中心とした業務に従事。

〈著書〉『遺言・遺産分割による財産移転と課税関係のチェックポイント』（共著）（新日本法規出版），『税理士のための法人⇔個人間の借地権課税はじめの一歩』（共著）（税務経理協会），『よくわかる事業承継税制特例措置Q&A』（共著）（経済法令研究会），『誰にもわかる借地借家の手引き』（共著）（新日本法規出版），『時価・価額をめぐる税務判断の手引き』（共著）（新日本法規出版），『もめない相続』（税理士法人髙野総合会計事務所著）


**シニア税理士　　髙木 佳代子**

税理士。名古屋大学卒業。事業会社勤務を経て税理士法人髙野総合会計事務所へ入所，個人資産部門に所属。相続税にかかる申告業務・生前対策を中心に，個人・法人の税務相談・申告業務に幅広く従事。

〈著書〉『遺言・遺産分割による財産移転と課税関係のチェックポイント』（共著）（新日本法規出版），『時価・価額をめぐる税務判断の手引き』（共著）（新日本法規出版），『誰にもわかる借地借家の手引き』（共著）（新日本法規出版）


**税理士　　渡辺 太貴**

税理士。拓殖大学大学院を修了後，税理士法人髙野総合会計事務所に入所。個人資産部門に所属。相続税申告業務を中心に，主に個人・法人の税務相談・申告業務に多数従事。

税金・キャッシュフロー・株価の推移が事例と数字でわかる
# シミュレーションでみる
## 不動産法人化の活用と税務

2025年1月20日　初版発行

著　者　高中恵美
　　　　髙木佳代子
　　　　渡辺太貴

発行者　大坪克行

発行所　株式会社 税務経理協会
　　　　〒161-0033東京都新宿区下落合1丁目1番3号
　　　　http://www.zeikei.co.jp
　　　　03-6304-0505

印　刷　株式会社技秀堂
製　本　牧製本印刷株式会社
デザイン　中濱健治
編　集　中村謙一

本書についての
ご意見・ご感想はコチラ

http://www.zeikei.co.jp/contact/

本書の無断複製は著作権法上の例外を除き禁じられています。複製される場合は、そのつど事前に、出版者著作権管理機構（電話03-5244-5088、FAX03-5244-5089、e-mail：info@jcopy.or.jp）の許諾を得てください。

JCOPY ＜出版者著作権管理機構 委託出版物＞
ISBN 978-4-419-07236-0　C3034

© 高中恵美 髙木佳代子 渡辺太貴 2025 Printed in Japan